DE L'INDEMNITÉ

DE

SAINT-DOMINGUE

CONSIDÉRÉE

SOUS LE RAPPORT DU DROIT DES GENS, DU DROIT PUBLIC DES FRANÇAIS ET DE LA DIGNITÉ NATIONALE.

PAR B. VENDRYES.

Au citoyen la propriété, au souverain l'empire.

M. Portalis père, 1803; M. Dupin, 1837.

(LE DROIT, nº du 5 juillet 1837.)

CHEZ L'AUTEUR, A PARIS,

RUE MONDOVI, 5.

Décembre 1839.

Imprimerie de Vinchon,
Rue J.-J. Rousseau, 8.

SOMMAIRE.

DE L'INDEMNITÉ DE SAINT-DOMINGUE

CONSIDÉRÉE

SOUS LE RAPPORT DU DROIT DES GENS, DU DROIT PUBLIC DES FRANÇAIS ET DE LA DIGNITÉ NATIONALE.

Saint-Domingue, cette île d'Haïti, a pris sa part des actes de cruauté et d'injustice dont l'Amérique a été le théâtre et la victime.

Dès les premiers jours de sa découverte, Christophe Colomb y a été chargé de chaînes et envoyé en Espagne.

C'est pour elle qu'un vénérable évêque, Barthelemy de Las Cazas, a songé, dans sa pitié irréfléchie, à faire acheter des esclaves en Afrique. Vaine et fatale mesure ! ces pauvres habitants d'Haïti, inoffensifs, hospitaliers même, n'en ont pas moins disparu jusqu'au dernier homme, et l'Afrique a vu périr trente millions de ses enfants dans les champs de l'Amérique (*a*).

Les boucaniers, ces brigands qu'on ne saurait haïr, ont commis à St-Domingue des crimes atroces envers les Espagnols, ces victimes qu'on ne saurait plaindre.

Si St-Domingue a atteint un haut degré de prospérité, elle en a été redevable en partie au commerce de la traite, naguère objet de l'ambition de la France et de l'Angleterre, encouragé par les lois de l'époque, justement détruit et mis au rang des crimes par les lois actuelles.

(*a*) Moreau de St-Merry.

Leur fortune n'a eu qu'un temps : l'assemblée constituante a commencé, la convention a hâté, et l'empire a consommé la ruine des anciens colons de Saint-Domingue.

Le massacre, l'extermination complète des blancs, et, il faut bien le dire, les actes de réaction exécrables de ceux-ci, resteront longtemps dans le souvenir des peuples.

Sous l'administration inespérée de Toussaint Louverture, l'ordre se rétablissait, les blancs étaient respectés, le pavillon français triomphait (*a*) ; comme Christophe Colomb, il a reçu sa récompense : chargé de chaînes, envoyé en France, il est mort dans la captivité.

Après son départ, une brillante et brave armée a été détruite ; ceux des anciens colons qui ont pu échapper à la mort ont fui pour toujours le sol envahi par les noirs (1803).

Dessalines, Christophe, d'esclaves devenus maîtres, n'ayant plus de blancs à égorger, se sont faits les bourreaux de leurs anciens compagnons d'esclavage.

Dessalines est assassiné par ses soldats lassés de ses cruautés (1806) ; pour échapper au même sort, Christophe, son successeur, se tue lui-même (1820).

Pendant ces temps déplorables, Pétion, homme de cœur et d'un grand sens (*b*), fondait au Port-au-Prince la république d'Haïti (1806).

Il meurt : le général Boyer, désigné par lui, le remplace (1818).

La mort de Christophe opère la réunion de son gou-

(*a*) Le premier consul lui écrivit : Si les couleurs françaises flottent à Saint-Domingue, c'est à vous et à vos braves noirs que la France le doit.

(*b*) Feu M. Esmangart, conseiller d'état :

Riche propriétaire à Saint-Domingue, aimé des noirs, il fut envoyé dans cette colonie (1816) pour traiter de l'indépendance d'Haïti et de l'indemnité dont Pétion avait admis spontanément le principe, en compensation des biens enlevés aux anciens propriétaires.

vernement à la république d'Haïti, qui renferma ainsi toute la partie française de St-Domingue (1820).

La partie espagnole se détache de sa métropole et se déclare province intégrante de la république de Colombie : le président Boyer marche sur Santo-Domingo et remplace le pavillon Colombien par le pavillon Haïtien ; l'île de St-Domingue devient alors en entier république d'Haïti (1822).

Enfin une ordonnance du roi de France (1825), un traité avec le roi des Français (1838), reconnaissent l'indépendance de la république.

Haïti jouit de la tranquillité, tandis qu'une fatalité cruelle pèse sur les anciens colons de St-Domingue.

Haïti avait, depuis 1803, une indépendance de fait. Cependant, en 1814, les puissances de l'Europe signataires du traité du 30 mai avaient pris l'engagement de ne point mettre obstacle à ce que la France ramenât sa colonie sous son obéissance, même par la voie des armes.

Le commerce qu'Haïti faisait alors avec la France montait de 30 à 40 millions annuellement (*a*), mais ses navires, allant à Haïti, baissaient le pavillon national à l'entrée des ports de la république et se couvraient d'un pavillon étranger.

La dignité de la France et l'intérêt des deux pays exigeaient que cette situation eût un terme.

Un traité eut lieu : l'indépendance de Saint-Domingue fut accordée par l'ordonnance du roi de France du 17 avril 1825.

(*a*) M. de Saint-Cricq, ministre du commerce (Moniteur du 14 mars 1826).

Pour première condition de cette indépendance, le pavillon français ne devait payer que la moitié des droits perçus sur les autres pavillons, tant à l'entrée qu'à la sortie des ports d'Haïti.

Pour seconde condition, les habitants actuels devaient payer une somme de 150 millions de francs, destinée à dédommager les anciens propriétaires qui réclameraient une indemnité.

La loi du 30 avril 1826 fixa le mode de répartition de cette indemnité.

Le premier terme montant à 30 millions, et échéant le 31 décembre 1825, fut versé en deux fois par Haïti.

Les autres termes ne furent pas payés; enfin Haïti retira le demi-droit et soumit le pavillon français aux mêmes droits d'entrée et de sortie que ceux perçus sur les autres pavillons.

Telle est la première époque de cette affaire.

Voici la seconde :

Après bien des efforts pour arriver, de la part de la France, et pour s'opposer, de la part d'Haïti, à une conclusion, les négociations se sont terminées par deux traités, signés au Port-au-Prince, le 12 février 1838.

Par le premier traité, le roi des Français reconnaît la république d'Haïti, comme État libre et indépendant.

Par le second traité, les 120 millions du solde de l'indemnité stipulée en 1825 sont réduits à la moitié, soit 60 millions payables en 30 ans sans intérêt.

Ce fractionnement d'indemnité rendant l'exécution du traité impossible à l'égard d'un grand nombre de colons, les ministres ont eu recours aux Chambres et ont présenté un projet de loi à la Chambre des Pairs.

La commission spéciale de cette Chambre a proposé un amendement portant que le trésor public garantirait, au fur et à mesure de leur échéance, les paiemens à faire par Haïti.

Dans sa séance du 17 juillet 1839, l'amendement a été rejeté, et la loi a été adoptée telle que le projet avait été présenté.

Il n'y a pas encore eu de présentation à la Chambre des Députés, elle doit avoir lieu dans le cours de la session qui va s'ouvrir.

La question, restée entière, se présente à nous sous trois points de vue :

I.

Le gouvernement français est-il garant, envers les anciens colons de St-Domingue, du paiement intégral de l'indemnité stipulée en 1825?

II.

S'il n'y a pas lieu à garantie, de la part du gouvernement français, en vue de l'acte de 1825 et de la loi de 1826, il s'est cependant formé un intérêt acquis, un intérêt privé, un intéret déterminé en chiffre. Le gouvernement a-t-il pu le réduire, le modifier, le fractionner à l'infini, sans être tenu à une indemnité réelle envers les anciens colons?

III.

La mesure que prendrait le gouvernement français de payer pour le gouvernement d'Haïti ne serait-elle pas, abstraction faite de tout droit et de toute obligation, une mesure de haute politique, dans l'état actuel et futur des rapports de la France avec les Amériques et l'Angleterre?

I.

Le gouvernement français est-il garant, envers les anciens colons de St-Domingue, du paiemen intégral de l'indemnité stipulée en 1825?

Lorsqu'une indemnité prend sa source dans un acte diplomatique, elle se rattache, en premier lieu, aux principes du droit des gens, sous l'empire duquel elle a été créée :

Pendant la guerre, la vie et la liberté des citoyens ne sont plus en danger, plus d'esclavage maintenant, les combattants seuls sont faits prisonniers de guerre; sur mer, les propriétés privées sont sans protection, parce que les Anglais le veulent ainsi (*a*); sur terre, les propriétés des particuliers sont respectées ; si la nature des propriétés mobilières les expose souvent à l'avidité du vainqueur, *les propriétés immobilières ne sont jamais enlevées aux vaincus;* les propriétés publiques sont le prix de la conquête.

Tel est le droit des gens actuel dans l'état de guerre.

La conquête, dit Wattel, ne devient stable et parfaite que par le traité de paix, ou par l'entière soumission ou l'extinction de l'état auquel le pays conquis appartenait.

Dans le cas d'un véritable assujétissement, les citoyens ne sont pas obligés de s'y soumettre; s'ils n'approuvent pas le changement, *on doit leur permettre de vendre leurs biens et de se retirer ailleurs......* Si le domaine éminent donne au souverain le droit de disposer des biens des particuliers, *la justice veut que les citoyens soient dédommagés des deniers publics* (*b*).

(*a*) La neutralité armée de 1780 et 1800 n'a eu aucun résultat; les événemens politiques ont merveilleusement servi les Anglais pour détourner l'attention des gouvernemens de ce point si important du droit des gens.

(*b*) Droit des Gens, livre 1, § 195–244; livre 3, § 197; livre 4, § 12.

Montesquieu nous dit : « Je définis ainsi le droit de » conquête : un droit nécessaire, légitime et malheureux, » *qui laisse toujours à payer une dette immense pour s'ac-* » *quitter envers la nature humaine* » (*a*).

Tel est le droit des gens actuel après la guerre : il reçoit depuis long temps, en Europe, une application solennelle.

L'art. 6 du traité de Riswick, du 20 septembre 1697, entre la France et la Hollande, porte que les biens confisqués pendant la guerre seront rendus sans qu'il soit nécessaire, pour les propriétaires dépossédés, d'avoir recours à la justice.

L'art. 13 du traité du 2 juillet 1713, entre l'Espagne et l'Angleterre, rétablit les Catalans non-seulement dans leurs biens, mais encore dans tous leurs honneurs et priviléges.

La Russie, elle-même, en enlevant à la Suède la Livonie, l'Esthonie, etc., stipule, art. 9 et 12 du traité de Neustadt, en 1721, que les nouveaux sujets jouiront de tous les priviléges dont ils ont joui sous les Suédois ; que ceux qui ne voudront pas rendre hommage à Sa Majesté Czarienne auront trois ans pour vendre leurs biens et se retirer; enfin que les héritiers de ceux qui ont rendu hommage, ne voulant pas rendre à leur tour cet hommage, auront la faculté de vendre leurs biens dans l'espace d'un an et de se retirer.

Par le traité du 10 février 1763, art. 4, les Canadiens ont eu dix-huit mois pour vendre leurs biens et se retirer.

Le traité de 1814 entre la France et toutes les puissances alliées a donné six ans aux citoyens des États cédés pour vendre leurs biens et se retirer, s'ils le jugeaient convenable. Malgré le changement survenu par

(*a*) Esprit des Lois, livre 10, chapitre 4.

les événemens des Cent-Jours, cette disposition se trouve littéralement la même dans le traité de 1815.

Il serait inutile de multiplier les citations; mais le traité du 30 mai 1783, entre l'Angleterre et les Etats-Unis, qui consacre la séparation d'une colonie et de sa métropole, et les suites de ce traité, méritent une attention particulière, lorsqu'il s'agit de la séparation de St-Domingue et de la France, et des conséquences de cette séparation.

Quel était l'état des choses, dans ces deux colonies, à l'époque de leur révolution? quelle a été la réparation matérielle obtenue par les particuliers, frappés dans leurs intérêts privés, *lorsque le domaine éminent est intervenu, en vertu du droit des gens, pour rendre la séparation stable et parfaite?*

Les colonies anglaises de l'Amérique du nord étaient parvenues à un grand état d'instruction et de fortune.

Nous sommes, écrivait Franklin en 1783, le peuple le plus instruit sur ses intérêts politiques qui existe sur la terre: chaque homme, parmi nous, sait lire; il jouit d'une aisance telle qu'il peut consacrer une partie de son temps à s'instruire et à discourir sur les sujets d'utilité publique (*a*).

La révolution américaine fut faite par une majorité immense de propriétaires instruits. Les dissidents, connus sous la dénomination de loyalistes, ceux dont le parti a succombé, étaient en petit nombre. Ils représentaient, malgré la richesse de quelques-uns, une fortune relativement faible.

(*a*) Franklin's Memoirs, Lond. 1818, vol. 4, pag. 394.

A St-Domingue, c'était le contraire : ignorance complète, nulle fortune ni territoriale, ni mobilière, triste conséquence de l'esclavage. Le petit nombre de propriétaires dans la classe des gens de couleur libres, n'avaient, à quelques exceptions près, ni instruction, ni fortune d'une certaine importance.

Les blancs, ceux qui ont succombé, avaient tout, fortune, instruction et priviléges.

Ainsi, aux Etats-Unis, la propriété a triomphé ; à St-Domingue, la propriété a succombé.

Aux Etats-Unis, les vainqueurs étant propriétaires ont souffert matériellement d'une guerre traînant la dévastation à sa suite ; cependant ils n'ont pu avoir qu'une faible part des propriétés du pays conquis.

A St-Domingue, les vainqueurs n'étant pas propriétaires n'ont pas matériellement souffert d'une guerre non moins remplie de dévastation ; ils ont pu avoir et ils ont pris, en fait, toutes les propriétés du pays conquis.

Les deux révolutions se sont rencontrées en un point : c'est la haine impitoyable que les Américains portaient aux loyalistes, et celle que les Haïtiens ont portée à leurs anciens maîtres.

Les loyalistes, expulsés de l'Amérique comme traîtres, furent déclarés étrangers, et par conséquent *incapables de posséder* suivant la loi des États, qui était aussi celle de l'Angleterre (*a*).

Les colons de St-Domingue qui ont survécu aux massacres ont été également *déclarés incapables de posséder* en leur qualité de blancs (*b*).

La question présente pour les colons de St-Domingue, comme elle a présenté pour les loyalistes anglais, ces deux faits accomplis, du consentement du domaine

(*a*) Jefferson's notes ou Virginia. Query XVI.
(*b*) Constitution d'Haïti.

éminent, savoir : l'incapacité de posséder et l'empêchement pour les anciens propriétaires de vendre leurs biens et d'en porter ailleurs le produit avec leurs personnes.

Dans ces deux faits, les gouvernemens français et anglais ont fait reconnaître le principe d'un droit à une indemnité à payer par le vainqueur.

Dans le non-paiement de cette indemnité, le gouvernement anglais a reconnu l'obligation de payer pour le débiteur.

On verra dans le cours de cet écrit, et l'on sait déjà sous quel point de vue cette obligation a été considérée par le gouvernement français.

Voici l'accomplissement de l'obligation du gouvernement anglais.

Le congrès des États-Unis avait expressément défendu à ses plénipotentiaires en Europe de consentir à la rentrée des loyalistes dans les États de l'Union. Quant à l'indemnité pour leurs biens saisis, elle ne devait être promise qu'à la condition que l'Angleterre, de son côté, accorderait une indemnité aux citoyens des États-Unis, pour leurs pertes résultant des confiscations et du pillage des Anglais (*a*).

Le gouvernement anglais, disaient les plénipotentiaires américains, a voulu nous ravir notre liberté, il a été vaincu, nous ne lui devons rien pour le domaine éminent ; les loyalistes ont eu leurs propriétés perdues par la guerre ou confisquées au nom des lois qui existaient avant la guerre, mais les citoyens des États-Unis ont éprouvé le même sort. Convenons d'un article par lequel on éta-

(*a*) The diplomacy of the United-States, p. 170. Boston, 1826.

blira le compte des pertes respectives, et le débiteur paiera l'autre.

Le plénipotentiaire anglais répondait : Je sais que vous avez la justice de votre côté, mais vous pouvez faire agréer à votre peuple des conditions que le nôtre n'accepterait pas. Si les loyalistes ne sont pas réduits au silence, si le ministère libéral que nous avons maintenant ne peut pas dire au Parlement : Nous avons obtenu pour eux ce que l'ancien ministère n'avait pas pu obtenir, toutes les circonstances favorables à une réconciliation n'existeront plus demain (*a*).

Les commissaires américains cédèrent, ils ne tinrent nul compte des défenses du congrès.

Les loyalistes purent rentrer momentanément pour réclamer des Etats le réglement de leurs pertes; il n'y eut pas de compensation stipulée pour la perte éprouvée par les citoyens des Etats-Unis, qui du reste n'avaient perdu aucune propriété immobilière (*b*).

Le congrès donna son approbation, et le traité devint définitif (*c*).

A cet accomplissement des devoirs d'un gouvernement pour la protection de ses sujets, dans leurs rapports avec l'étranger, le gouvernement anglais ajouta la consécration de ce principe du droit des gens, conforme au droit public anglais, savoir : *que la justice veut que les citoyens soient indemnisés des deniers publics pour la perte des propriétés privées que le domaine éminent a cru devoir abandonner aux vainqueurs*. Le gouvernement anglais n'avait cependant rien abandonné, mais les treize États qui formaient l'union américaine avaient chacun son indépen-

(*a*) Franklin's Memoirs, vol. 4, p. 275.

(*b*) The diplomacy of the United-States, p. 171.

(*c*) Art. 5 et 6 des préliminaires de paix du 30 nov. 1782. On sait que le traité de paix du 30 mai 1783 n'est autre chose que l'acte des préliminaires.

dance et ses lois particulières, le réglement des pertes éprouvait beaucoup de difficultés, le paiement surtout était incertain. Le gouvernement anglais ne voulut pas laisser ses sujets à la discrétion d'un vainqueur injuste ou insolvable. M. Pitt demanda au parlement de lui fournir les moyens d'indemniser les loyalistes.

LE PARLEMENT LES ACCORDA A L'UNANIMITÉ.

Un bill, rendu dans la session de 1788, ordonna les dispositions suivantes:

La perte des propriétés tant *mobilières qu'immobilières* de 250,000 francs et au-dessous fut payée intégralement par le trésor anglais;

Les pertes au-dessus de 250,000 francs subirent une réduction graduelle, à raison de leur importance;

L'indemnité étendit ensuite sa bienfaisante réparation sur une autre classe d'Anglais *qui avaient perdu par le fait de la révolution de l'Amérique, le revenu provenant des places qu'ils y occupaient ou des professions quelconques qu'ils y exerçaient.*

A cette classe le parlement anglais accorda 50 pour o/o ou la moitié par an du revenu provenant des places et des professions, lorsque ces revenus n'excédaient pas 10,000 francs;

On ajouta à cette moitié une augmentation graduelle pour chaque somme de 2,500 francs excédant les 10,000 francs ci-dessus;

Une autre classe de réclamants se présentait, c'était celle des planteurs anglais de la Floride occidentale, retrocédée à l'Espagne qui l'avait perdue par le traité de 1763:

« Ces réclamants, dit M. Pitt au Parlement, doivent

» recevoir la totalité de leurs pertes, car elles sont le » résultat de la paix faite avec l'Espagne ; *le consentement » que vous avez donné à cette paix vous oblige à indemniser » complètement ceux qui ont souffert.* » Que peut-on dire contre ce principe, quand un homme comme M. Pitt tient un pareil langage à un corps comme le Parlement d'Angleterre, et que le bill passe au deux Chambres, sans nulle opposition?

Cependant M. Pitt avait dit qu'il ne reconnaissait pas aux autres réclamants un droit rigoureux (strict justice); mais ils avaient, dans son opinion, des titres puissants et les plus incontestables à la générosité et à la compassion du Parlement. Un membre, M. Hussey, avait dit aussi qu'il réservait son vote, ne sachant pas bien s'il s'agissait d'un droit, ou d'un acte de libéralité.

Alors M. Burke se lève: « J'éprouve un regret infini » d'entendre un honorable membre, d'un esprit aussi » éclairé et d'une pureté d'intentions incontestable, » élever des doutes et des objections contre la motion » qui vous est soumise. Je n'ai jamais, quant à moi, donné » un vote avec plus de satisfaction que pour la proposition actuelle. Si la réclamation des loyalistes n'est » pas fondée sur un droit rigoureux, en ce sens qu'on » ne pourrait pas, sans se livrer à l'arbitraire, la sou- » mettre à une modification quelconque, qu'il faudrait » au contraire, quelle que soit son importance, admettre » cette réclamation dans sa plus grande étendue, il faut » reconnaître cependant que la Chambre est obligée en » honneur et en justice (bound in honour and justice) » à faire droit à la réclamation des loyalistes.

» Je puis assurer la Chambre que cette détermination » sera un sujet de haute gloire pour la nation. C'est un » noble exemple de la magnificence et de la générosité » anglaises. »

Après quelques souvenirs historiques, M. Burke ajoute: « Je trouve le montant de l'indemnité convenable, ni » trop restreint, ni trop élevé, et M. Pitt, dont la pro- » position honore le pays, s'est honoré lui-même par le » soin qu'il a apporté dans les dispositions du bill. »

Un autre membre, M. D. P. Coke, voulait que l'indemnité fût complète et sans réduction ni retard dans le paiement.

M. Fox, dont les sentiments contre les loyalistes pendant la guerre d'Amérique, avaient été si violemment exprimés, prend la parole :

« L'indemnité à accorder aux loyalistes n'est point, » dans mon opinion, un acte de libéralité ni de com- » passion, c'est la consécration d'un droit rigoureux ; » (strict right), non pas un droit au paiement intégral » d'une réclamation exagérée, mais un droit rigoureux à » une indemnité en rapport avec ce que les loyalistes ont » souffert et telle que la Chambre peut, après un mûr » examen, juger convenable de l'accorder. Ainsi, le droit » rigoureux que je reconnais diffère seulement en défini- » tion, mais non pas en fait ni en résultat, du droit rigou- » reux auquel l'honorable M. Pitt vient de faire allu- » sion.

» J'éprouve quelque difficulté à parler sur ce sujet; on » sait que j'ai fait souvent connaître mon opinion sur » certains loyalistes et sur les motifs qui les ont dirigés » avant et pendant la guerre; mais je ne veux rien garder » sur le cœur : je parlerai seulement sur la question » soumise à la Chambre, et quoi que je puisse penser de » quelques individus, je déclare que personne n'a plus » que moi, dans cette Chambre, la conviction qu'ils ont » droit à une indemnité, mais non pas telle que la demande » M. D. P. Coke. La proposition de l'honorable M. Pitt » est non-seulement franche et convenable, mais encore

» heureuse et généreuse ; je l'adopte et je repousse celle
» de M. D. P. Coke.

M. Pitt, en se félicitant d'avoir obtenu, dans cette circonstance, le concours de son adversaire M. Fox, ajoute : «Ma proposition est, je l'espère, pour une indemnité
» grande et libérale; elle ne laisse aucun motif aux loya-
» listes de se plaindre qu'ils n'ont pas été bien traités par
» la nation, en considérant les circonstances qui s'appli-
» quent, soit à eux, soit à l'Angleterre.

Le paiement de l'indemnité anglaise eut lieu en certificats de liquidation, remboursables au pair par séries, par la voie du sort, et portant 3 1/2 pour cent d'intérêt par an, jusqu'au jour du remboursement ; ce qui équivaut, dit M. Pitt, à de l'argent comptant (*a*).

Ce réglement de la métropole avec ses *sujets expulsés* ne suspendit pas celui qui restait à faire avec *ses sujets émancipés*.

L'Angleterre termina cette affaire en 1802 avec le calme et la dignité qui appartiennent à une grande nation, et avec la modération que sa conduite envers les loyalistes lui donnait le droit d'avoir (*b*).

La nation anglaise satisfit à la fois aux principes du droit des gens et de son droit public, et aux sentiments bien compris de la dignité nationale.

Si le droit public des Anglais ne fait pas loi en France, comme le droit des gens de l'Europe, nous trouvons, dans notre droit public, des principes non moins conservateurs de la fortune des Français. Ils n'ont pas échappé à la

(*a*) The Parliamentary history of England, vol. XXVII, p. 610. London 1816.

(*b*) The diplomacy of the United-States, p. 222.

sagesse de M. le rapporteur de la commission de la Chambre des Pairs lorsqu'il a dit : « N'y aurait-il pas là une » certaine analogie avec ce qui se passe lorsqu'un ci- » toyen est *privé de sa propriété pour cause d'utilité publi-* » *que*, et serait-il sans fondement d'invoquer, en faveur » des colons, le principe de la Charte constitutionnelle » de la commune patrie ? »

Plusieurs avocats distingués ont démontré en 1829 que les obligations de l'État envers les colons de Saint-Domingue dérivent de deux sources.

« Il est leur débiteur d'abord parce qu'il a, en fait, » aliéné la propriété de leurs biens et qu'à ce titre ils ont » le droit de lui en demander le prix.

» Il est leur débiteur, en second lieu, parce qu'il était » tenu de leur en faire recouvrer la possession et que sa » renonciation solennelle à l'accomplissement de ce devoir » se résout naturellement en une dette de dommages- » intérêts (*a*). »

En adhérant à cette consultation, le savant feu M. Toullier et M. Bernard ont ajouté leur avis particulier :

« Les conseils déclarent adopter, *avec la plus entière* » *conviction*, la solution donnée, dans la consultation ci- » dessus, à la grande et importante question de la respon-

(*a*) Consultation de MM. *Dalloz*, *Delagrange*, *Hennequin*, *Dupin jeune*, et autres jurisconsultes, pour les anciens colons de St-Domingue. Paris, 1829.

Les adhésions à cette consultation sont de MM. Barthe, Odilon-Barrot, Bernard de Rennes, Berville, Billecocq, Delacroix-Frainville, Duranton, Guichard père, Nicod et Toullier. Dans ce nombre de savants jurisconsultes, un est membre de la Chambre des Pairs et six sont membres de la Chambre des Députés. Il faut espérer de leur loyauté qu'ils voudront bien soutenir leur avis en point de droit, ou se rétracter courageusement, si de plus mûres réflexions avaient amené un changement d'opinion. Chacun de ces honorables citoyens recevra un exemplaire de cet écrit avec une lettre dont on trouvera copie aux notes, n. 1.

» sabilité du gouvernement envers les colons de Saint-» Domingue. — Ils adhèrent pleinement à ce résultat de » la discussion, que *l'état est directement obligé envers les » colons* par cette double raison fondamentale (*a*). »

MM. Odilon-Barrot et Barthe ont adhéré à la consultation en ajoutant : « Les conseils voient dans le » fait incontestable de la dépossession des colons, par » suite du traité consenti par la France, *le principe d'un » droit à une indemnité.* »

M. Berville ajoute à son adhésion : « Il y a donc ici de » la part de l'Etat, sacrifice du droit des colons, aveu que » ce sacrifice appelle une indemnité, évaluation de cette » indemnité. *Si elle devenait illusoire, évidemment il y » aurait recours contre l'État.* »

MM. Toullier et Bernard s'appuient, comme l'a fait la consultation elle-même, sur les débats législatifs de la loi du 30 avril 1826 ; cette loi qui a consacré l'expropriation des colons en répartissant l'indemnité, réparation de cette expropriation.

On peut juger des intentions du gouvernement, à l'égard de la garantie du trésor, par la réponse si précise de M. de Villèle, auteur de l'ordonnance de 1825 et de la loi de 1826, à M. Casimir Périer qui lui disait : « Je ne suspecte la bonne foi de personne, je veux croire qu'Haïti paiera; mais il y a des circonstances qui peuvent donner des inquiétudes, car elle est en retard de six millions sur les trente millions formant le premier cinquième. Vous annoncez que l'on paiera de suite

(*a*) Voir le développement de ce principe, page 63 de la consultation.

chaque ayant-droit aussitôt sa liquidation faite ; les premiers payés seront bien nantis, mais que deviendront les autres si les paiemens subséquents n'ont pas lieu ? »

A cela, M. de Villèle a répondu : « L'on vient nous » parler comme si l'on n'avait pas sous les yeux *l'exemple* » *d'une opération pareille à celle dont il s'agit*. L'indemnité » des émigrés est aussi répartie par cinquièmes ; les émigrés » recevront un cinquième cette année, un autre cinquième » l'année prochaine, et ainsi de suite. *Les colons seront* » *dans la même position aussitôt qu'ils seront liquidés, ils* » *auront leur premier cinquième ; ils l'auront en* 1826, *s'ils* » *sont liquidés en* 1826, *et cela continuera de même pour* » *les années subséquentes*. On parle d'à-comptes ? Sans » doute il y aura des à-comptes, si par ce mot on entend » *chaque cinquième qui sera payé chaque année* (*a*). »

Est-ce clair ? Dans ce moment même six millions manquaient : les premières liquidations étant payées de leur premier cinquième, à raison de trente millions, lorsqu'il n'y avait effectivement que vingt-quatre millions, il résultait pour le gouvernement, qui s'était fait dépositaire, liquidateur et distributeur de l'indemnité, une responsabilité inconstestable à l'égard des liquidations pour lesquelles il n'y aurait plus eu de fonds.

Oui, dira-t-on peut-être, pour six millions et non pas pour cent vingt millions.

La question pour un gouvernement est dans le principe et non dans un chiffre plus ou moins élevé. Au surplus, nous avons la réponse de M. de Villèle : « Cela continuera de même pour les années subséquentes. »

On pourrait s'arrêter après une pareille démonstration ; deux faits encore :

M. de Cambon proposa un amendement portant que le gouvernement ne garantit pas l'indemnité et que la loi

(*a*) Moniteur du 15 mars 1826.

n'intervient en rien dans la transaction faite avec le roi et les habitants de Saint-Domingue.

M. Hyde de Neuville ne voulait pas de la loi, parce qu'il considérait l'ordonnance de 1825 comme illégale, et qu'il lui paraissait convenable de laisser achever illégalement ce qui avait été commencé illégalement. Cependant décider, comme le demande M. de Cambon, que l'Etat ne garantira aucunement l'indemnité aux colons, ce serait les mettre hors la Charte, hors la loi fondamentale. Expropriés par l'État, ils ont droit à ce que l'État leur garantisse l'indemnité applicable à cette expropriation.

M. de Villèle prit la parole : il ne contesta pas le principe de garantie invoqué par M. Hyde de Neuville ; *il repoussa l'amendement de non-garantie de M. de Cambon, et la Chambre passa à l'ordre du jour sur cet amendement* (*a*).

On oppose à ce fait si expressif de la volonté des députés une observation de M. de Châteaubriand à la Chambre des Pairs (Moniteur du 26 avril 1826), portant que le ministère avait déclaré qu'il ne s'engageait à rien à l'égard de l'indemnité ; mais ce passage du discours du célèbre écrivain n'a pas été l'objet d'une délibération et d'une décision d'une Chambre sur un amendement écrit ; et l'on sait que M. de Châteaubriand était pour la garantie du trésor.

M. de Villèle voulait payer les colons en 3 o/o pour les cent vingt millions dus par Haïti ; c'est M. Laffitte qui l'a annoncé. En effet, M. le marquis d'Audiffret nous apprend qu'une commission où siégeaient MM. le vicomte Lainé et le baron Portal, réunis à des négociants et à des jurisconsultes éclairés, choisis dans le sein de la Chambre

(*a*) Moniteur du 12 mars 1826.

des Députés, et qui fut consultée en 1828, a proclamé la nécessité de la garantie du gouvernement français (a).

Les colons ont pour eux :

Le droit des gens ;

Sa consécration par les traités de paix ;

L'application de ce principe par un gouvernement représentatif ;

La reconnaissance du principe de responsabilité du gouvernement en vertu du droit public des Anglais ;

Le droit public des Français ;

L'opinion de plusieurs célèbres jurisconsultes ;

Les déclarations explicites des organes du trône dans les débats législatifs ;

L'obligation de la garantie du trésor public, reconnue par une commission formée en 1828, pour s'enquérir et donner son avis ;

Enfin la détermination prise par le ministère, auteur du traité de 1825, de payer intégralement les colons en 3 pour o/o.

Cependant la responsabilité du gouvernement français a été deniée, en vue de l'ordonnance de 1825 et de la loi de 1826.

Mais en appuyant le gouvernement de l'autorité de leur opinion, les adversaires de la responsabilité lui ont dit en même temps : *Gardez-vous de changer votre position, car alors la garantie du trésor ne saurait être refusée.*

Ce qui conduit au second point de vue de cette affaire.

(a) Moniteur du 18 juillet 1839.

II.

S'il n'y a pas lieu à garantie, de la part du gouvernement français, en vue de l'acte de 1825 et de la loi de 1826, il s'est cependant formé un intérêt acquis, un intérêt privé, un intérêt déterminé en chiffre (a). Le gouvernement a-t-il pu le réduire, le modifier, le fractionner à l'infini, sans être tenu à une indemnité réelle envers les anciens colons?

La seconde époque de cette affaire est arrivée vers la révolution de 1830, qui s'est empressée de repousser le principe des indemnités consacré par la restauration.

Le coup qui a frappé l'indemnité des émigrés (*b*) devait réagir sur le sort de l'indemnité des colons et arrêter l'action du gouvernement nouveau.

L'ancien gouvernement lui avait légué, à la vérité, cette affaire avec l'apostille : « Il y a obligation de garantie de la » part de la France. » Mais l'opinion triomphante était opposée au principe d'indemnité; les ressources du trésor, les valeurs publiques diminuaient, tandis que les charges de l'État augmentaient.

D'un autre côté, le président Boyer avait cru pouvoir prétendre à l'annulation de toute obligation envers la France, attendu que le principe fondamental du gouvernement français actuel n'était plus celui du gouvernement avec lequel il avait traité. « Le langage du gouvernement » d'Haïti s'était écarté des bienséances qui s'observent » entre les nations civilisées au point que, si des relations » amicales devaient se renouveler, ce ne serait pas au » gouvernement français à faire les avances ; il manque- » rait à la dignité de la France » (*c*).

(*a*) M. Dupin, Moniteur du 30 décembre 1832.

(*b*) Loi du 5 janvier 1831, qui ordonne la restitution à l'État des fonds communs de l'indemnité des émigrés non encore employés.

(*c*) M. le duc de Broglie, président du Conseil (Moniteur du 30 décembre 1832).

Les commissions consultées répondaient que si l'on modifiait le traité de 1825, il en résulterait une garantie pour la France (*a*).

Le gouvernement s'arrêta et ne fit rien de 1830 à 1837.

Pendant ce temps, les embarras de la révolution se sont aplanis, le budget a repris son équilibre, et les valeurs publiques sont montées au point qu'elles avaient atteint pendant la restauration.

L'opinion publique a rendu aussi justice à cette grande mesure de l'indemnité des émigrés, une des sources de la fortune de la France. Écoutons M. le marquis d'Audiffret :

« Le traité de 1825 avec Haïti et la loi d'indemnité » des émigrés ont favorisé, par une si grande sécurité, » les entreprises bienfaisantes du travail et de l'industrie, » *que le trésor s'est enrichi pendant les trois années suivantes* » *d'un accroissement de revenu de plus de deux cents millions* » sur les impôts payés par les consommations et les transac- » tions sociales, et que l'élévation progressive du cours » des effets publics a augmenté en même temps *de plu-* » *sieurs milliards la valeur capitale des propriétés immobi-* » *lières* (*b*). »

Une amélioration dans les affaires de l'Etat, un changement dans l'opinion publique, devaient amener un retour dans les esprits en faveur de l'indemnité des colons. Sans entendre la comparer à l'indemnité des émigrés, il est certain qu'une mesure comme celle dont le gouvernement anglais a donné l'exemple, tendra à augmenter le respect de l'étranger, ce qui n'est pas un moindre bien pour une grande nation, occupée à coloniser et à civiliser

(*a*) Rapport de M. le baron Mounier.
(*b*) Moniteur du 18 juillet 1839.

le nord de l'Afrique et dont la marine tient le second rang dans le monde ; alors on ne serait plus exposé à entendre un langage comme celui du président Boyer, et dont M. le duc de Broglie s'est plaint avec tant de raison.

Dans cette situation favorable, M. le comte Molé, président du conseil, annonça qu'il était prêt à se mesurer avec la difficulté de la question d'Haïti.

Si cette question présentait des difficultés de solution à l'égard d'Haïti, elle était simple à l'égard des colons, dans l'esprit même des adversaires de la garantie de l'acte de 1825.

Cette garantie était repoussée par des personnages exerçant une grande influence dans l'État.

Mais ces personnages, au nombre desquels on trouve des noms comme ceux de MM. de Broglie, Thiers et Dupin, avaient, en même temps, émis l'opinion qu'il y aurait lieu à garantie dans le cas où l'on modifierait l'acte de 1825 (*a*). Les trois commissions créées par les ministères successifs du gouvernement de 1830, dans l'affaire des colons, avaient déclaré l'une après l'autre : « *que, dans la supposition d'un nouvel acte du gouvernement, qui viendrait à modifier celui du 17 avril 1825, la garantie du trésor ne saurait être refusée* (*b*). »

Le ministère lui-même avait fait pressentir qu'il réglerait sa condite sur ces opinions et sur cette déclaration si nette et si positive. En annonçant sa détermination de

(*a*) Moniteur des 30 décembre 1832 et 29 mai 1836.

(*b*) Rapport de M. le baron Mounier,

s'occuper de l'affaire d'Haïti, M. le comte Molé avait dit : « La difficulté pour moi est moins encore de savoir si » la décision prise *contenterait* les colons, que de savoir » si nous pourrons obtenir du gouvernement d'Haïti la » volonté sincère d'en finir (*a*). »

A l'occasion des débats de l'adresse de 1838, dans la Chambre des Pairs, M. le comte Portalis, rapporteur, s'est exprimé ainsi, en présence de M. le comte Molé : « M. le président du conseil vint dans le sein de la com- » mission lui donner des éclaircissements qu'il crut néces- » saires ; il nous déclara qu'il ne s'agissait pas de négo- » ciations à entamer entre Haïti et la France, et que les » envoyés du roi avaient pour mission d'obtenir l'exécu- » tion du traité déjà conclu et non d'en conclure un » nouveau.... selon la possibilité des choses, et qu'on » s'entendrait sur cette exécution sans recommencer à » traiter sur des bases nouvelles (*b*). »

Je le demande maintenant, n'est-il pas constant que les orateurs des Chambres, les commissions instituées pour s'enquérir et donner leur avis, et les ministres, se sont accordés sur ces deux points ?

Rester dans l'acte de 1825, *alors pas de garantie ; modifier cet acte, alors garantie.*

C'est le point de départ de la seconde époque de cette affaire.

Qu'a fait le ministère ?

Un traité, en date du 12 février 1838, commençant ainsi :

« S. M. le roi des Français et le président de la répu- » blique d'Haïti, désirant, d'un commun accord, mettre

(*a*) Moniteur du 4 juin 1837.
(*b*) Moniteur du 6 janvier 1838.

» un terme aux difficultés qui se sont élevées relativement » au paiement des sommes que la république d'Haïti doit » à la France, sur l'indemnité stipulée en 1825, ont ré» solu de régler cet objet *par un traité*, et ont choisi à cet » effet... »

Passons sous silence cette circonstance *d'un traité* (il y en a même deux), lorsqu'il avait été solennellement déclaré que les envoyés du roi n'avaient pas pour mission d'en conclure un. Arrêtons-nous à la modification du traité de 1825.

Les 120 millions dus par Haïti sont réduits à 60 millions (*a*).

Le paiement de cette somme est fractionné de manière à la réduire à une valeur réelle de 29 millions, moins du quart de la dette reconnue (*b*), de plus l'exécution du traité est impossible à l'égard d'un grand nombre de colons.

(*a*) La dette d'Haïti pour l'indemnité montait au 31 décembre 1838 à la somme de 187,775,000 francs avec les intérêts à 5 pour o/o ; elle a été réduite à 29 millions, et cependant nous avons entendu M. l'amiral de Rigny, ministre de la marine, nous dire, « que le gouvernement fran» çais, fondé sur le respect des droits de tous, n'abandonnerait pas les » intérêts qui lui étaient confiés et qui s'étaient confiés à sa foi ; mais que » cependant il ne se refuserait pas à admettre quelques modifications au » traité signé, *pourvu qu'elles ne portassent pas sur le montant de l'indem» nité, qu'il était de son devoir de maintenir* (Moniteur du 29 février » 1832). »

(*b*) Rapport de M. le baron Mounier.

Aussitôt que le traité du 12 février 1838 fut connu par les colons, ils adressèrent plusieurs pétitions aux Chambres; il en fut de même à l'apparition du projet de loi présenté à la Chambre des Pairs. On remarque parmi ces pétitions, celles présentées par MM. Dumoustier et Goujaud, Filleau, Dupuy de Bordeaux, etc.; les colons doivent en outre à M. Filleau des obligations pour une suite d'articles pleins de logique, insérés dans le *Moniteur industriel*, dont il est le directeur.

L'auteur de cet écrit s'empressa également, au nom de plus de deux mille

Impossible! M. le ministre des finances du cabinet qui a fait le traité, le déclare ainsi dans ses motifs du projet de loi :

« Nous vous avons fait pressentir les difficultés, *et nous*
» *pourrions dire l'impossibilité, pour un grand nombre de*
» *colons*, de recueillir utilement les faibles débris de leurs
» patrimoines, si des dispositions législatives, sagement
» combinées, ne venaient les mettre en mesure de perce-
» voir facilement leur part dans l'indemnité due par le
» gouvernement d'Haïti et d'en disposer (*a*). »

Ce traité de 1838 est donc un acte mort-né, qu'un souffle législatif peut seul rendre viable. Oubliant ou cherchant à faire oublier la condition imposée au traité pour qu'il n'entraînât par la garantie du trésor, les ministres le présentent aux Chambres avec une disposition législative qu'ils appellent *sagement combinée*.

Cette combinaison consiste dans la création de certificats de trente annuités au porteur, négociables sans intérêts et sans autre garantie, pour le paiement exact, que la bonne foi d'Haïti.

C'est une combinaison d'agiotage.

D'agiotage! M. le ministre des finances nous le dit clairement :

« Le *cours* qui s'établira naturellement de ces certifi-
» cats de liquidation, en fixant leur valeur, éclairera

ayant-droit à l'indemnité, d'attaquer, à leur apparition, le traité avec Haïti et le projet de loi, dans une lettre écrite à M. le comte Molé, et dans une pétition à la Chambre des Pairs. Heureux de se trouver d'accord avec la grave autorité de MM. le baron Mounier et le marquis d'Audiffret, l'auteur reproduit ces deux pièces sous le n° 5 à la suite du présent écrit.

(*a*) Moniteur du 6 janvier 1839.

» les porteurs sur l'intérêt qu'ils auront à les conserver » ou à les vendre (*a*). »

Voilà bien certainement un aliment à l'agiotage, et encore la rougeur monte au front quand on songe à la haute place de la France et à la petitesse de la mesure prise en son nom, et encore à un agiotage établi sur des sommes à la portée des bourses les plus faibles.

M. le baron Mounier reconnaît qu'il y aura dix mille parties prenantes, dont le maximum des annuités sera de 7 fr. 50 cent., et le minimum de 25 centimes, et qu'il y aura quatre mille parties dont l'annuité ne donnera pas 2 francs (*b*).

« Comment, s'écrie M. le marquis d'Audiffret, com- » ment provoquer ainsi les *combinaisons de l'agiotage*, » comment abandonner la détresse des colons, sans au- » cune protection, sans aucun moyen de défense, à la » merci des spéculateurs et peut-être de leur ancien » débiteur, qui se racheterait facilement et à vil prix sur » la place, par une seconde spoliation, de toutes les » obligations de la première? (*c*) »

Pour exécuter cette mesure, on fait choix de la caisse des dépôts et consignations! Cette administration, si bien conduite, à qui une loi vient de confier les épargnes des familles, va devenir le teneur de livres d'Haïti, et mettre en émission un papier sans crédit et sans valeur!

« Comment, dit encore M. le marquis d'Audiffret, » comment admettre qu'une caisse de l'État, dont le » crédit réclame de si grands ménagemens, puisse émet- » tre des valeurs d'une aussi longue échéance, d'un » paiement morcelé en fractions aussi nombreuses et » n'ayant pour toute caution que l'une des parties si- » gnataires du traité, celle qui n'a pas pu remplir ses

(*a*) Moniteur du 6 janvier 1839.
(*b*) Moniteur du 18 juillet 1839.
(*c*) Moniteur du 18 juillet 1839.

» premiers engagemens, qui peut manquer aux autres et » qui ne se trouverait plus en quelque sorte obligée en- » vers la France, mais seulement envers les porteurs » inconnus de ces titres dépréciés » (*a*).

Cet ouvrage du ministère du 15 avril a été accepté en entier par le ministère du 12 mai, et porté par lui à la Chambre des Pairs, le 20 mai 1839, sous la forme d'un projet de loi.

Une commission spéciale a été chargée de l'examen de ce projet; la majorité a été d'avis que la garantie était due par le gouvernement (*b*).

Cette garantie, quelques membres proposaient de l'exécuter en portant les 60 millions à la dette publique en inscriptions de 3 p. o/o, dont l'amortissement aurait lieu au fur et à mesure des paiemens d'Haïti.

Mais la crainte de compromettre cet acte de justice (*c*) et le désir de le faire admettre sans difficultés en présentant à la Chambre « un mode qui, en donnant aux colons » le bénéfice de l'exécution, n'impose pas au trésor une » charge à laquelle il puisse jamais être difficile de satis- » faire, » a décidé la majorité à réduire la garantie à cette disposition restreinte, savoir :

« Dans le cas où les paiemens viendraient à être retar-

(*a*) Moniteur du 18 juillet 1839.

(*b*) Cette commission était composée de MM. le baron Mounier, le comte de Mosbourg, le marquis d'Audiffret, le vice-amiral de Rosamel, le comte Portalis, le baron Feutrier, en suivant l'ordre des opinions pour ou contre la garantie du gouvernement.

(*c*) « Nous ne votons donc pour le projet du gouvernement que sous » la réserve expresse de l'adoption de l'amendement ajouté par la commis- » sion (M. le marquis d'Audiffret, Moniteur du 18 juillet 1839).

» dés, le trésor fera, au compte du gouvernement » d'Haïti, les avances nécessaires pour que le montant » des certificats délivrés soit acquitté aux échéances » fixées par ce traité » (*a*).

Il était impossible, de part et d'autre, de demander et d'accorder moins. Cependant l'amendement a été rejeté.

La question de garantie, réduite à sa plus simple expression et présentée au nom de la dignité de la Frauce, a été perdue dans une Chambre qui compte tant d'illustrations nationales !

Je n'entrerai pas dans le détail des débats qui ont eu lieu à cette occasion. Le rapport de M. le baron Mounier, et ses développemens si forts et si modérés à la fois; les considérations d'une haute portée de M. le marquis d'Audiffret sur l'esprit de sagesse et de dignité qu'il voudrait trouver dans le projet de loi; les plaintes incisives de M. le comte d'Harcourt sur l'abandon de cette dignité nationale à l'extérieur, se trouvent dans le Moniteur; l'analyse que j'en ferais en affaiblirait l'expression (*b*).

Cependant, quelques objections des ministres contre la garantie ont échappé à une discussion de tribune: on a mis sur le compte des anciens colons cette expédition malheureuse de 1802, sous le général Leclerc (*c*); on a attribué aux illusions financières de 1825 cette charge immodérée que l'on a fait peser sur les nouveaux

(*a*) Rapport de M. le baron Mounier.

(*b*) Moniteur du 18 juillet 1839.

M. le vicomte Dubouchage s'était réservé la faculté de parler sur l'amendement de la commission, qu'il approuve du reste; il ne s'est pas trouvé au moment de la discussion.

(*c*) M. le ministre des finances est entièrement dans l'erreur, ainsi qu'on le voit dans les mémoires publiés par le général Montholon (tome 1er).

habitants de Saint-Domingue, sans se rappeler que le gouvernement d'Haïti a fait annoncer en son nom qu'il existait ACTUELLEMENT (1825) DANS SON TRÉSOR CINQUANTE MILLIONS DE FRANCS ; *qu'il existait un excédant annuel de* CINQ MILLIONS DE FRANCS *de recettes sur les dépenses, non compris une augmentation présumable de quinze millions de francs* (*a*).

Enfin, M. le ministre des finances a cherché à jeter de l'effroi sur les conséquences d'un acte qui reconnaîtrait l'obligation de garantie de la part du gouvernement, lorsqu'il y aurait dans un traité de paix une stipulation pécuniaire. A ce sujet, il a cité le traité fait dernièrement avec le Mexique, par lequel ce gouvernement s'est engagé à payer aux Français spoliés une partie de ce qu'ils ont perdu.

« Le gouvernement a reçu des traites sur la douane » de la Véra-Crux : est-ce à dire, ajoute M. le mi» nistre, que si ces traites n'étaient pas acquittées, n'im» porte par quelle cause, le gouvernement devrait les » solder des deniers de l'État (*b*)? »

M. le baron Mounier a répondu qu'il n'y avait pas identité de situation : les Français établis au Mexique n'y étaient pas à l'abri de la loi et des encouragements de la métropole ; étrangers au Mexique, ils y étaient arrivés de leur propre mouvement en s'exposant aux chances attachées aux établissements dans les pays étrangers ; tandis que les Français expulsés de Saint-Domingue, étaient nés dans l'île ou étaient possesseurs, *comme Français*, d'une partie d'un sol auquel le gouvernement doit protection.

Dans ce cas, si différent de celui des colons, pas de

(*a*) Feu l'honorable M. Ternaux, parlant au nom du gouvernement d'Haïti (voir note 2).

(*b*) Moniteur du 18 juillet 1839.

garantie, si le gouvernement mexicain venait à ne pas payer ces traites dans les mains du gouvernement français. — Soit.

Mais si, après dix ans de silence, le gouvernement français venait à rendre ces traites au gouvernement du Mexique *avec bonne quittance;* si, à leur place, il prenait d'autres traites pour la moitié de la somme, payable par trentième, pourrait-il dire aux Français : voilà vos nouvelles traites, elles sont au porteur, négociables; faites en ce que vous voudrez. Vous trouverez à les escompter à 80 p. °/₀ de perte (*a*); vous n'avez pas à vous plaindre du gouvernement français, vous avez été l'objet de sa sollicitude et de sa bienveillance.

La raison étonnée de ce qui se passe ne saurait qualifier cette conduite et ce langage de la part d'un gouvernement; mais si un particulier, mandataire officieux, tenait une pareille conduite, je le demande au ministère lui-même, les tribunaux français ne seraient-ils pas ouverts pour rendre justice à qui la demanderait? Et l'opinion publique ne serait-elle pas unanime pour faire justice de qui la mériterait?

C'est un précédent que l'on demande aux Chambres, pour en faire ensuite un principe nouveau dans notre droit public, savoir : *mettre hors de la Charte tout intérêt privé qui tirerait son origine d'un acte diplomatique.*

Cette pensée du gouvernement *est exprimée sans équivoque, dans le Moniteur du 4 novembre* 1839 : Il s'agit des indemnités à faire stipuler en faveur des Français, dépouillés par le gouvernement de la république Argen-

(*a*) « Il résultera du traité et de la loi que *la masse* des colons, ceux » dont la position est précisément la plus intéressante parce qu'ils sont » les plus pauvres, seront forcés de réaliser immédiatement leurs certifi- » cats, et ces certificats tomberont sur-le-champ à 20, 40, 50, 60, et jus- » qu'à 70 et 80 pour 0/0 de perte. » (M. le baron Mounier, Moniteur du 18 juillet 1839.)

tine. Notre envoyé écrit: « Si le gouvernement du roi » voulait, à tout prix, prévenir le retour d'actes dont la » justice et l'humanité se révoltent également, il ne pou- » vait abandonner non plus ceux qui en avaient été vic- » times et devait réclamer en leur faveur ou en faveur » de leurs familles d'équitables indemnités. Les agens » français ne pouvaient renoncer au principe des indem- » nités.

» L'ultimatum est là.

» La quotité des indemnités était, il est vrai, soumise » à l'arbitrage, mais les arbitres ne pouvaient la porter » plus bas que l'ultimatum; et d'ailleurs *qu'importe à la » France cette quotité? Si elle ne pouvait transiger sur le » principe*, ELLE POURRAIT, AU BESOIN, RENONCER AU » PAIEMENT TOUT ENTIER. »

Renoncer au paiement d'une indemnité attribuée à des particuliers et cela sans la responsabilité du trésor public! Sans doute: ne le fait-on pas à l'égard des colons de St-Domingue? M. le ministre des finances ne menace-t-il pas de le faire à l'égard des Français du Mexique?

C'est une question grave! je la signale de nouveau aux avocats membres des Chambres, qui ont signé en 1829 la consultation en faveur des colons; à M. Dupin, qui trouve dans l'acte de 1825 l'origine d'un intérêt privé, et qui a dit avec le célèbre Portalis : *au citoyen la propriété*, *au souverain l'empire.*

L'aristocratie de fortune et de talents, qui est arrivée aux affaires depuis 1830, se croirait-elle moins obligée que l'aristocratie de la restauration, à défendre les intérêts des citoyens français?

La loi du 30 avril 1826 a donné sa sanction légale à l'expropriation des colons, résultant du traité de 1825, et cette expropriation a été en vue d'un intérêt public :

« Si l'ordonnance du 17 avril 1825, dit M. de Villèle, a » été UTILE à l'État, pourquoi la Chambre craindrait-» elle de s'associer à cet acte du gouvernement? S'il a » été *nuisible*. pourquoi ne le repousseriez-vous pas tout » à fait? Il n'y a que deux manières de procéder: ou re-» connaître la légalité et les AVANTAGES *de l'ordonnance,* » ou *demander le rejet de la loi* (a). »

Dans un cas pareil, M. Pitt a dit au Parlement anglais : *Le consentement que vous avez donné à la paix vous oblige à indemniser complètement ceux qui en ont souffert.*

Dira-t-on que ce Parlement anglais, ces noms de Pitt, de Fox et de Burke sont étrangers à nos intérêts? Ce sont cependant de grandes autorités pour un gouvernement représentatif, et des modèles à suivre lorsqu'il s'agit de dignité nationale.

Eh bien, rentrons en France, parmi nos contemporains, nous aurons :

M. de Villèle dont M. d'Audiffret, administrateur éclairé, favorable au gouvernement de 1830, vient d'apprécier les actes, par leur effet sur la fortune publique;

MM. de Châteaubriand, Hyde de Neuville, Lainé, Portal, etc., etc. Ils reconnaissent tous *que le gouvernement français est garant de toute l'indemnité promise aux colons;*

MM. de Broglie, Thiers, Dupin, etc., ont été d'avis que le gouvernement encourrait une garantie si le traité nouveau modifiait le traité de 1825;

Trois commissions spéciales donnant une majorité de douze à quinze membres au moins, l'une d'elle présidée par M. le comte Siméon, comptant dans cette majorité, ont déclaré, après examen, que, dans le cas de modification, la garantie du gouvernement français ne saurait être refusée;

(a) Moniteur du 15 mars 1826.

Pour une garantie restreinte, pour une indemnité qu'ils ont fait petite, afin de l'obtenir, on trouve les noms de MM. Mounier, de Mosbourg, d'Audiffret, de Rosamel, membres d'une commission spéciale de la Chambre des Pairs, et les noms d'un grand nombre de personnages éminents.

M. Molé lui-même a dit que la difficulté de la question *n'était pas de contenter les colons*, paroles sérieuses, sans doute, car elles viennent de l'héritier d'un nom illustre, d'un président du conseil d'un gouvernement fondé, suivant une promesse auguste, sur la vérité de la charte.

Enfin, le ministère qui a signé le traité du 12 février et qui a présenté le projet de loi, ne renfermait-il pas dans son sein trois membres qui ont dû voter pour la garantie du gouvernement français? savoir : M. le comte Molé, à moins de reconnaître qu'il ait voulu faire un jeu de mots misérable et cruel, ce qui n'est pas possible; M. Barthe, dont nous avons la consultation consciencieuse, portant que le gouvernement français était garant même en vue du traité de 1825; enfin M. le vice-amiral de Rosamel, dont la conscience, rendue à son indépendance de pair de France, a voté pour la garantie du gouvernement français.

Restent les autres membres du cabinet : MM. de Montalivet, Lacave-Laplagne, Bernard, Martin du Nord et de Salvandy. Il est loin de ma pensée de faire une allusion inconvenante; le mérite personnel, incontestable de chacun de ces ministres, ne permet pas même d'en avoir l'idée; mais de quelle importance politique, de quelle influence ces noms sont-ils en comparaison de l'influence et de l'importance de tous les noms français et anglais que je viens de citer?

La carrière, si honorablement parcourue, de M. l'amiral Rosamel, l'a souvent conduit dans cette partie de l'Amérique, où le commerce cherche un débouché plus court, sur cette mer des Antilles que l'isthme de Panama sépare des mers du sud, et dont Haïti tient une des clefs; il dira s'il n'y a pas dans cette question d'argent, celle de la garantie, une question politique d'une plus haute importance? C'est ce que je vais tâcher d'exposer.

III.

La mesure que prendrait le gouvernement français de payer pour le gouvernement d'Haïti ne serait-elle pas, abstraction faite de tout droit et de toute obligation, une mesure de haute politique, dans l'état actuel et futur des rapports de la France avec les Amériques et l'Angleterre?

HAÏTI doit à la France son indépendance et son entrée dans la famille des nations reconnues. *La France seule pouvait l'appeler à ce rang.*

Elle n'était point dans la condition des colonies anglaises et espagnoles qui ont dû leur reconnaissance par les anciens gouvernements, sans le consentement des métropoles, au grand nombre de leurs habitants, à leur instruction, à leur fortune et à leur parenté avec l'Europe.

Le commerce, qui fréquentait les ports d'Haïti, était prêt à les abandonner à la première démonstration hostile de la France. L'Angleterre, qui avait obtenu une prime pour l'introduction de ses marchandises (*a*), exigea plus tard, en conservant néanmoins son avantage commercial, que le président Boyer interdît aux Haïtiens la fréquentation des ports voisins; le pavillon de la république ne pouvait pas s'éloigner des côtes de son territoire (*b*).

Bolivar lui-même, qui, dans les premiers temps de la lutte de Colombie avec l'Espagne, avait reçu d'Haïti, particulièrement de son président Pétion, des secours généreux dans un moment pressant, refusa de reconnaître Haïti comme état indépendant (*c*).

L'indépendance, tirée du traité de 1825, était de nouveau mise en question par le non-accomplissement des engagements d'Haïti; si la France avait annulé cette indé-

(*a*) Proclamation du président Pétion, du 15 octobre 1814.
(*b*) Proclamation du président Boyer, du 20 mars 1823.
(*c*) M. Mackensie.

pendance, aucune puissance de l'Europe n'aurait voulu avoir une discussion sérieuse avec elle en faveur d'Haïti.

Le traité de 1838 ne met plus de condition à son indépendance. La république est l'égale en droit des gouvernements les plus puissants.

Ce n'est pas sur un sentiment de reconnaissance que je compte pour ses bonnes dispositions à l'égard de la France; Haïti ne fait pas exception sans doute à l'ingratitude des peuples, mais sa position est précaire, ses relations politiques seront difficiles, elles seront même longtemps repoussées par les gouvernements dont les possessions l'environnent.

La France peut encore lui venir en aide en complétant son ouvrage: chez elle Haïti doit trouver, sans sujétion, dans son enfance politique, les secours d'une ancienne métropole, sans arrière-pensée.

La France a aussi besoin de s'assurer des relations dans la mer des Antilles, dont Haïti est une forteresse-frontière indépendante de l'Europe.

Il y a nécessité pour Haïti et intérêt grave pour la France que la nouvelle république s'appuie sur l'État qui l'a créée (*a*).

Mais pour faire réussir cette politique, pour la faire comprendre par Haïti, dégagée de toute préoccupation, débarrassée de ces récriminations qui s'élèveront de toutes parts, et dont le gouvernement français sera l'écho obligé au moindre retard du paiement des certificats de liquidation, il faut que la France se présente aux Haïtiens avec dignité, comme l'Angleterre s'est présentée

(*a*) Voir la note 3.

aux Etats-Unis ; qu'elle traite les colons de Saint-Domingue comme les loyalistes anglais ont été traités, non pas avec cette largesse que nous avons vue, les colons ne peuvent l'espérer, mais d'après les principes qui découlent des actes de 1825 et de 1838.

Si le gouvernement reste dans les données du projet de loi, il n'obtiendra d'Haïti rien de ce qui tient à la considération et au respect que l'on doit à une grande nation.

La raison en est évidente :

Il est impossible qu'Haïti, séparée de la France par treize cents lieues de mer, ne fasse pas éprouver des retards plus ou moins longs dans les paiements à faire pendant les trente années qui lui ont été accordées.

Si les recouvrements concernaient l'État directement, le ministère aurait la liberté d'action qui lui permettrait une appréciation équitable des causes de ces retards; il pourrait témoigner à Haïti la bienveillance et l'intérêt qu'elle mériterait.

Le recouvrement étant pour le compte des porteurs de certificats de liquidation, cette liberté d'action se trouvera aliénée ; chaque retard de paiement provoquera des pétitions aux Chambres et des débats irritants; les notes du gouvernement français au gouvernement d'Haïti s'en ressentiront, et les réponses de la part d'un peuple, fort de sa faiblesse, s'écarteront comme en 1832, des bienséances « qui s'observent entre les nations civilisées, au point » que ce ne serait pas au gouvernement français à faire » les avances ; IL MANQUERAIT A LA DIGNITÉ DE LA » FRANCE (a). »

Qu'il survienne, dans ces entrefaites, un événement dont le commerce français pourrait profiter, le gouver-

(a) M. de Broglie, Moniteur du 30 décembre 1832.

nement n'aura plus que l'action de la force à sa disposition ; et suivant le parti qu'il prendra, ou il sera taxé à l'intérieur d'avoir une politique étroite et de manquer de dignité, ou, à l'extérieur, on accusera la France d'ambition dans une question qui intéressera alors bien d'autres peuples que les Haïtiens.

Dira-t-on que l'intérêt des colons me porte à raisonner ainsi? Écoutez l'organe modéré de la majorité d'une commission qui veut la garantie du gouvernement, M. le baron Mounier ; il veut aussi : « que le roi n'ap-
» pose son auguste signature qu'à un acte sérieux et
» sincère ; » il ajoute, après quelques observations sur le traité de 1838 : « N'est-il donc pas permis de dire que,
» sans la garantie du trésor, *le traité deviendrait vain et*
» *illusoire?*

» Un pareil résultat *serait-il de la dignité de la*
» *France?* NOUS NE LE CROYONS PAS. »

Voilà pour la dignité de la nation.

Quant à sa politique? Écoutez encore :

« Si, au contraire, le gouvernement, par l'effet de la
» garantie dont il se serait chargé, était devenu le créan-
» cier direct d'Haïti, il aurait plus d'un moyen de se
» faire rembourser, ou du moins indemniser de ses
» avances. *Il pourrait se faire concéder des priviléges*
» *commerciaux utiles à nos provinces maritimes.* Ne peut-
» on pas même admettre qu'il obtiendrait la cession de
» quelque île de la côte d'Haïti, *propre à l'établissement*
» *d'une station navale?* (a) »

En abandonnant la justice, la dignité nationale et les intérêts du commerce, le gouvernement français doit continuer à être la dupe du gouvernement anglais.

(a) Rapport de M. le baron Mounier.

On a vu que le traité de 1814 avait reconnu à la France le droit de ramener Haïti sous son obéissance, même par la voie des armes.

Cette dernière stipulation était inutile, car elle n'ajoutait rien au droit de la France; elle lui était dangereuse par l'inquiétude et la méfiance qu'elle tendait à répandre en Haïti contre elle, mais elle pouvait servir les intérêts de l'Angleterre, et elle fut insérée dans le traité de 1814.

Aussi, quatre mois seulement après sa signature, le gouvernement britannique obtint du président Pétion la franchise d'un demi-droit d'entrée en faveur des marchandises anglaises (*a*). L'Angleterre, exploitant à son profit, cet article du traité, repoussait ainsi les marchandises françaises que la paix nous permettait d'introduire dans les ports d'Haïti (*b*).

Le traité de 1825 fit cesser ce privilége pour le faire passer dans les mains des Français. Grand mécontentement en Angleterre (*Annual register for* 1825); les injures contre la France et le président Boyer remplirent les journaux anglais, le gouvernement britannique songea alors à détruire ce traité de 1825, et il en chargea son consul général, M. Charles Mackensie, qui s'en acquitta avec un succès dont le gouvernement français a ressenti

(*a*) Proclamation du président Pétion du 15 octobre 1814 « .... Considérant que le commerce de la Grande-Bretagne a été très avantageux à la république et même l'a été dans les circonstances les plus critiques où elle s'est trouvée ; désirant l'encourager de plus en plus...., les marchandises manufacturées dans les pays sous la domination de S. M. B. ne seront assujéties qu'à un droit de 5 pour o/o à leur entrée dans les ports d'Haïti. Toutes les marchandises autres que celles ci-dessus continueront, comme par le passé, à payer le droit d'importation à raison de 10 pour o/o..... »

(*b*) On a évalué à vingt-cinq millions (*Annual register for* 1825), la valeur des marchandises anglaises qui sont entrées annuellement à Haïti depuis 1814. C'est donc 1,250,000 francs par an dont l'Angleterre a bénéficié pendant onze années.

les effets, par les difficultés que le gouvernement d'Haïti n'a cessé d'élever, dès ce moment, contre des conditions qu'il avait sollicitées avec un si grand empressement.

Ce n'est point ici une accusation sans preuve : elle nous manquerait, et je me serais tû, sans une circonstance inattendue qui a obligé ce consul général à faire connaître lui-même l'étrange abus qu'il a fait de son caractère public (*a*).

On doit croire que l'Angleterre attache un grand prix à ses relations avec Haïti, pour chercher à les conserver aux dépens de sa loyauté nationale ; cela est vrai, en quelque sorte, pour le débouché de ses marchandises ; mais elle voit de plus loin : elle veut éloigner la France du commerce qui se prépare dans la mer des Antilles, auquel nous ne pouvons nous livrer avec avantage qu'en nous liant avec Haïti.

Il est donc vrai de dire que ce point de vue de la question de l'indemnité de Saint-Domingue est d'une haute politique. Si le gouvernement persiste dans son misérable projet de loi, dans cette application honteuse qui rend le traité de 1838 humiliant d'honorable qu'il pourrait être, il aura, dans une seule transaction, mis l'honneur national français au-dessous de l'honneur national anglais, et foulé aux pieds le droit des gens, le droit public des Français, la dignité de notre patrie, les intérêts de notre commerce et les droits de l'humanité.

De l'humanité ! je me suis borné, dans ce rapide exposé, à signaler les faits, les opinions, les principes qui se rattachent à la question des colons de Saint-Domingue ; la pitié qu'ils inspirent, je l'ai renfermée dans mon âme ; leurs malheurs inouis sont connus, le récit en est au-dessus de mes forces.

(*a*) Voir note 4.

Voués à la plus affreuse misère, les colons de Saint-Domingue pourront crier au chef du ministère : *Morituri te salutant* (*a*).

(*a*) Pour moi, la difficulté n'est pas de contenter les colons (paroles d'un descendant de Mathieu Molé, président du conseil des ministres du roi des Français).

NOTES.

NOTE 1.

Lettre à messieurs les avocats, membres des Chambres, qui ont signé la consultation en faveur des colons.

Monsieur,

J'ai l'honneur de vous adresser un exemplaire d'un écrit que je publie sur l'indemnité des anciens colons de Saint-Domingue.

Cette question, en faveur de laquelle vous avez prêté l'autorité de votre opinion de jurisconsulte consciencieux en 1829, se présente dix ans après pour recevoir votre vote de législateur indépendant.

La haute réputation dont vous jouissez sous ces deux rapports est, pour les colons de Saint-Domingue, l'assurance que votre voix ne sera pas silencieuse, qu'elle aura la part d'influence qui lui appartient dans une question où l'intérêt et la dignité de la nation l'emportent sur l'intérêt privé.

J'ai, etc.

Signé B. Vendryes.

NOTE 2.

Situation financière d'Haïti présentée en 1825 par M. Ternaux.

Le gouvernement français s'étant toujours occupé de St-Domingue depuis 1814, a dû nécessairement se faire instruire des ressources d'Haïti et des moyens qu'elle pouvait avoir pour satisfaire à ses obligations, sans compter les espérances fondées sur le développement d'affaires et les économies dont son indépendance devait être le résultat.

S'il n'y avait de mécompte que dans les espérances, on garderait le silence; les esprits justes et de bonne foi ne sont pas toujours exempts d'erreur; mais on ne peut se dispenser de rappeler au public, qui oublie si vite en France, les affirmations inqualifiables des agents d'Haïti, accueillies et publiées par le ministère français.

Ces agents sont arrivés en France en septembre 1825, amenés par le vaisseau même de l'amiral Makau, qui avait été porter en Haïti l'ordonnance d'indépendance. L'objet de leur mission était de faire un emprunt pour payer le premier terme de l'indemnité.

On sait l'état des esprits à cette époque : Haïti tenait son indépendance des royalistes, ses agents se mirent, d'*accord avec le ministère*, sous le patronage des libéraux, c'était le moyen de réussir.

Il fallait obtenir la confiance des écus; les agents d'Haïti déposèrent leurs pouvoirs à la Banque de France. Le Moniteur, cet organe du gouvernement, en fit l'annonce officielle, et les journaux s'empressèrent d'en instruire le public qui ne lit pas le Moniteur.

Cette publicité ne parut pas suffisante, car l'honorable M. Ternaux, l'agent et le banquier du gouvernement d'Haïti, publia une brochure sur l'emprunt d'Haïti adressée à M. le duc de Larochefoucault-Liancourt; et, pour qu'elle obtînt plus de publicité, le titre de la brochure annonça *qu'elle se vendait au profit des Grecs* (1).

Rien ne manquait au savoir-faire, l'appel était général : il s'adressait, par l'intermédiaire du ministère, de la banque, d'un propriétaire, noble, riche et philantrope, et d'un industriel de première ligne et justement estimé, à toutes les bourses, à toutes les opinions politiques.

De quel langage s'est-on servi dans cet appel?

Laissons de côté ce qui tient à un avenir qu'on espérait voir naître pour Haïti, ne signalons que les faits *annoncés comme existants, affirmés véritables au nom des commissaires d'Haïti par M. Ternaux.*

« Sur le revenu de la république montant à 37 millions de francs, » M. Ternaux dit, page 20, que les commissaires AFFIRMENT qu'il » reste de 5 à 6 millions de francs au-dessous des recettes; et l'on » peut les croire, lorsqu'on sait QU'IL Y A ACTUELLEMENT DANS LE TRÉSOR UNE RÉSERVE DISPONIBLE D'UNE ANNÉE ET DEMIE DE REVENU, » C'EST-A-DIRE D'AU MOINS CINQUANTE MILLIONS DE FRANCS; réserve » qui aurait pu être offerte pour acquitter le premier terme de l'indemnité, SANS LE DÉSIR QU'AVAIT LE PRÉSIDENT (le général Boyer) » de conserver ces capitaux dans le pays pour contribuer, au moyen » d'une caisse d'escompte, à la baisse de l'intérêt, maintenant très » élevé, et favoriser par là tous les développemens dont l'île est » susceptible. »

Après avoir calculé les charges de l'emprunt et de l'indemnité,

(1) Considérations sur l'emprunt d'Haïti *adressées à M. le duc Larochefoucault-Liancourt*, par M. L.-G. TERNAUX. *Se vend au profit des Grecs*, à Paris (1825).

M. Ternaux ajoute que le gouvernement d'Haïti aura une somme de 20 millions pour faire face à une exigence de 15 millions ; cette dernière somme, décroissant annuellement, sera entièrement effacée dans 26 ans, et cependant l'excédant des recettes sur les dépenses sera toujours de 20 millions, en supposant qu'au bout de 25 ans la bonification n'ait pas été progressivement croissante *et que le gouvernement n'ait pas diminué les impôts* (pages 29 et 30).

Indépendamment de ce service assuré pour l'emprunt et l'indemnité, M. Ternaux parle d'un fonds d'amortissement destiné à racheter les obligations de cet emprunt qui tomberaient au-dessous d'un certain prix. « Au reste, comme il n'y a à cet égard que des *données imparfaites, on doit s'abstenir* de rien dire de plus sur ce fonds d'amortissement, SI CE N'EST QU'AVEC LES CINQUANTE MILLIONS DE RÉSERVE DONT LE GOUVERNEMENT D'HAÏTI PEUT DISPOSER, il serait facile de faire monter sur les marchés de l'Europe, les fonds de plusieurs pays très obérés et à plus forte raison ceux d'Haïti, qui n'a d'autre dette que celle qu'il va contracter en faveur des malheureux colons (page 31)... Il convient de remarquer que le gouvernement aurait pu, sans emprunter, faire le paiement du premier terme de l'indemnité... Il n'est pas à la merci des prêteurs pour l'année prochaine. S'il ne rencontrait que des propositions trop désavantageuses, *il n'emprunterait pas et remettrait en argent* on en denrées la valeur du second paiement à faire aux colons dépossédés (page 40). Ces cinquante millions de réserve, *le gouvernement d'Haïti pouvait les offrir comme un à-compte au moment du traité* s'il n'eût sagement préféré répartir les charges de ce traité sur les ressources annuelles que lui présentent les contributions (page 6). »

M. Ternaux finit ses étranges affirmations, répétées sous tant de formes, par assurer que « les hommes qui ne consultent que leurs lumières et leur bon sens demeureront sans doute convaincus que peu de fonds publics dans le monde, méritent plus de confiance que celui d'Haïti. »

Maintenant ce sont des affirmations dans un sens contraire : sans aucune preuve, sans aucune publication de documents à l'appui. On fait Haïti pauvre et misérable, il faut que les colons y ajoutent foi comme les prêteurs ont ajouté foi aux premières affirmations.

Cependant il y a des indications, des indices presque équivalents à des preuves, établissant qu'il y a eu à Haïti, qu'il y a sans doute encore une somme considérable, une Cazauba, qui était le gage de engagemens d'Haïti. On a vu M. Ternaux annoncer que les cinquante millions dont ce gouvernement pouvait disposer en 1825 étaient destinés à fonder une caisse d'escompte; en effet, une loi a été rendue pour établir cette caisse d'escompte. Pourquoi une loi s'il n'y avait pas eu à la disposition du gouvernement les fonds nécessaires pour établir le capital de cette caisse? La loi n'a pas reçu son exécution, parceque le gouvernement d'Haïti s'est ravisé, qu'il a caché ses moyens pour ne pas payer les colons.

L'existence de cette réserve est considérée comme constante en Haïti. elle provient du trésor de Christophe.

Les quatorze années d'administration de cet homme avare autant que cruel ont été employées à ramasser de l'argent par tous les moyens possibles; presque toutes les propriétés de la partie du nord de Saint-Domingue étaient exploitées à son profit par les nègres qu'il enlevait aux autres propriétés. M. Mackensie, qui a si bien connu le Saint-Domingue de cette époque, nous dit de Christophe qu'il ne payait jamais en argent, mais en denrées, et qu'il ne vendait qu'en argent; ses soldats eux-mêmes n'étaient pas payés, c'est ce qui a été la cause du soulèvement militaire qui l'a obligé de se tuer.

Le même auteur ajoute qu'à l'époque où la forteresse de Christophe fut frappée de la foudre, le baron du Puy, secrétaire de Christophe, a déclaré qu'il y avait dans les caves dont les voûtes avaient été ébranlées, plus de cent cinquante millions en argent ou en or; ce qui est difficile à croire, ajoute M. Mackensie. Mais ce consul général rapporte, comme le tenant de la meilleure part (onthe best authority), que le gouvernement français savait, par une voie certaine, mais confidentielle, que cent millions de francs se trouvaient encore dans les coffres du Port-au-Prince en 1825. Ce n'est pas une raison, remarque M. Mackensie, pour que le gouvernement français en demande cent cinquante. Il est bon de savoir que M. Mackensie était l'agent intime de M. Canning, alors premier ministre; c'est sans doute l'autorité à laquelle M. Mackensie fait allusion: il n'y aurait alors plus de doute sur l'existence du trésor.

Rapprochons ce fait avec l'offre d'une somme au-delà de 150 millions, faite directement à M. Esmangart par Pétion, et d'une somme de 100 millions faite à l'agent de M. Esmangart par le président Boyer (1), avec les 50 millions que les commissaires d'Haïti ont affirmé être UNE RÉSERVE DISPONIBLE, et l'on nous excusera si nous ne sommes pas convaincus que le trésor d'Haïti soit aussi pauvre d'argent comptant que les ministres veulent nous le faire accroire aujourd'hui.

(1) Nouvel avis aux colons, pages 31 et 33, par M. Esmangart, qui annonce que les preuves de ce qu'il avance existent aux archives des affaires étrangères.

NOTE 3.

Sur l'intérêt pour la France et la nécessité pour Haïti de se lier entre elles.

Les nations les plus intéressées aux actes d'Haïti à cause du voisinage de leurs possessions, sont l'Angleterre et l'Espagne. Les trois îles de la Jamaïque, de Cuba et de Porto-Ricco, si proches voisines d'Haïti, ont un commerce qui lui fait concurrence; et, ce qui est plus grave, leur administration intérieure et leur principe social en font des ennemies naturelles, toujours en surveillance contre la propagande qui peut leur arriver d'Haïti.

A la Jamaïque, les esclaves sont émancipés, si l'on veut; mais toutes les terres et ce qui en dépend, le moindre pied de bananes est la propriété des blancs; les affranchis appartiennent à leurs anciens maîtres par le besoin le plus impérieux, celui de manger. L'Angleterre, qui a le pouvoir de maintenir cet état de glèbe bien différent de l'indépendance des Haïtiens, ne peut à aucun prix abandonner la Jamaïque; son gouvernement sera donc toujours un voisin jaloux, inquiet, ennemi d'Haïti.

L'esclavage a malheureusement un long avenir de durée à Cuba et Porto-Ricco.

Que peuvent faire dans cette dernière colonie quarante mille esclaves, dans une proportion d'un esclave contre sept individus libres?

A Cuba, cette proportion descend; mais elle est encore, pour les 250 mille esclaves qui s'y trouvent, d'un esclave contre deux individus libres. De plus, la difficulté de l'émancipation des noirs augmente par l'influence de 200 mille *Monténéros*, presqu'aussi nombreux que les esclaves, dont ils sont les ennemis implacables. Ces hommes, endurcis de corps et de cœur par des travaux pénibles (en grande partie les charrois de la colonie), et par la mission qu'ils ont de prendre et de livrer, à prix d'argent, les esclaves fugitifs, ne consentiront qu'avec la plus grande peine à voir les noirs monter à leur niveau lorsque, de leur côté, ils ont le sentiment de ne pouvoir atteindre le niveau du reste de la population blanche.

Ce n'est pas que les îles de Cuba et de Porto-Ricco soient à l'abri de quelques insurrections partielles de noirs, mais c'est précisément le malheur d'Haïti; à tort ou à raison, on lui en attribuera la cause: de là, inquiétude, inimitié de la part du gouvernement espagnol, tout occupé, du reste, de ses embarras domestiques.

La Colombie, orgueilleuse, jalouse et apathique comme son ancienne métropole, a, depuis la mort de Pétion, un sujet de plainte grave contre Haïti. La partie espagnole de Saint-Domingue s'était insurgée contre l'Espagne et s'était déclarée province intégrante de Colombie. Le président Boyer a marché sur Santo-Domingo et a remplacé le pavillon colombien par le pavillon haïtien (1822). Ce n'est pas à l'Espagne, comme on le croit en général, mais bien à Colombie, au principe de l'indépendance des peuples, au principe de l'émancipation des esclaves, qu'Haïti a enlevé la partie espagnole de Saint-Domingue.

Si Haïti tourne ses regards vers les États-Unis, avec lesquels elle est en rapport continuel d'affaires, elle trouvera de vastes états réunis, mais indépendants pour leurs lois particulières, et divisés en deux grandes fractions sur la question de l'esclavage.

Les états du nord de l'Union n'ont pas d'esclaves, ils poussent même à l'émancipation contre les états du Sud; mais qu'on ne s'y trompe pas, il n'y a pas de pays, sans excepter l'Angleterre, où il y ait plus de mépris pour la peau noire et jaune, à tel point que, malgré la date ancienne de l'émancipation, on n'y voit pas d'alliances mixtes et peu de relations d'affaires ou de voisinage entre blancs et noirs, pas de nomination d'un noir à une place, même subalterne, du gouvernement, cela par la seule force de l'opinion publique.

Dans les états du Sud, les propriétaires d'esclaves font seuls la loi du pays; ils en augmentent les rigueurs à raison de l'inquiétude qu'ils éprouvent de l'émancipation des noirs dans les états voisins; le gouvernement fédéral et le congrès n'y peuvent rien.

Il y a répulsion complète de tout individu noir ou mulâtre étranger; l'ambassadeur du président Boyer n'en serait pas excepté. Quand un navire arrive dans un des ports de ces états à esclaves, si l'un des passagers ou des marins de l'équipage est de couleur, qu'il soit libre ou esclave, homme ou femme, vieillard ou enfant, on le conduit de suite en prison, aux frais du capitaine, et il n'en sort qu'au départ du navire, au moment précis où il met sous voiles.

La puissance de ces états, la richesse dont l'esclavage est la source, ajourneront indéfiniment son abolition. Le gouvernement d'Haïti y sera longtemps l'objet d'un sentiment de crainte et de haine.

Cela se conçoit, jusqu'à un certain point, dans un pays où l'esclavage est d'ancienne origine et où le souvenir des malheurs de Saint-Domingue est encore palpitant, mais ce qui remplit d'étonnement, c'est que dans la présente année 1839, un état, le Texas, en se séparant violemment de sa métropole, au nom de la liberté, rétablisse de semblables réglemens avec l'esclavage sur un territoire qui en était affranchi.

Cet article de l'acte fondamental du Texas est présenté aux maîtres d'esclaves des états inquiétés par le voisinage de l'émancipation comme un appât à la fortune, comme un refuge où ils pourront jouir plus longtemps des travaux de leurs esclaves.

C'est un champ d'asile à l'esclavage, dit un voyageur; il est à craindre que ce ne soit plutôt un champ qui sera un jour abreuvé du sang d'innocentes victimes en expiation des fautes de leurs pères.

Pour Haïti, c'est un nouveau gouvernement créé avec la condition d'inimitié contre elle.

Les trois colonies françaises sont à une distance qui les met à l'abri des relations furtives qui peuvent s'établir, qui existent peut-être déjà, entre les citoyens d'Haïti, les affranchis de la Jamaïque et les esclaves de Cuba et de Porto-Ricco.

Si la Guadeloupe et la Martinique sont à 200 lieues de Saint-Domingue, les marins diront à ceux qui ne le sauraient pas, qu'il y au moins 600 lieues de Saint-Domingue à la Martinique et à la Guadeloupe.

Cet éloignement, ces difficultés de la navigation et les forces maritimes dont la France dispose, feraient échouer toute tentative armée contre les colonies françaises, s'il était possible de croire qu'un semblable projet puisse entrer dans l'esprit du gouvernement d'Haïti.

Un cri de désapprobation, à moins d'une insulte nationale à venger, serait poussé par toute la France, s'il était possible également de supposer que le gouvernement pût jamais songer à un acte d'hostilité contre Haïti.

Dix années de longanimité et le traité de 1838 sont là pour rendre témoignage des dispositions des esprits en France.

Il n'y a pas de pays comme le nôtre, où il existe moins de prévention contre les noirs et les hommes de couleur. Les Haïtiens, en 1826, en ont emporté des preuves marquantes.

Les enfans de couleur de nos colonies et de l'étranger sont reçus dans les colléges publics et dans les grandes maisons d'éducation, sans qu'il en soit résulté aucune défaveur, aucun éloignement de la part des blancs pour ces établissemens, ce qui ne se verrait ni en Angleterre, ni aux États-Unis.

A ces faits, qui sont sous nos yeux, il faut ajouter la communauté de langage et de religion, et presque les mêmes usages dans la vie.

Quelle conclusion à tirer de cette situation d'Haïti, de ces dispositions des étrangers et de la France envers elle, hors de toute contestation pour les personnes instruites des affaires de l'Amérique ? Qu'il ne convient pas à Haïti, en adoptant une politique bien entendue, de se lier étroitement avec l'Angleterre ;

Que cela ne lui convient pas non plus à l'égard des autres nations qui, du reste, ne sont pas disposées à se lier avec elle, si l'on excepte les États-Unis pour la continuation de leurs relations purement commerciales ;

Qu'une union avec la France est dans la politique et dans l'intérêt bien entendu d'Haïti.

Il y a également intérêt pour la France : les services que la vapeur rend à la navigation deviennent insuffisans ou onéreux lorsqu'il s'agit des contrées au-delà du cap de Bonne-Espérance et du cap Horn.

L'Angleterre cherche déjà à rendre le commerce de l'Inde à l'isthme de Suez. On veut faire passer par l'isthme de Panama le commerce des mers du Sud et des côtes occidentales des Amériques.

Ce projet, tout environné de probabilités de succès, amènerait un nombre infini de navires de toutes les nations dans la mer des Antilles, cette autre Méditerranée.

Haïti est sur la ligne directe de l'Europe à Porto-Bello ; elle est éloignée de ce port d'environ deux cents lieues, et sa position est telle que les vents qui règnent dans ces parages sont également favorables pour aller et venir.

La France n'a rien, absolument rien, pour abriter et ravitailler ses navires qui prendraient part à ce nouveau commerce.

Les Anglais ont la Jamaïque, les Espagnols ont Cuba et Porto-Ricco, toutes dans les conditions locales d'Haïti, et les États-Unis sont au quart de la distance que la France aurait à parcourir.

Une politique nationale et prévoyante commande de s'assurer, par des avantages réciproques, des bons ports d'Haïti et de son admirable position pour en faire un entrepôt de marchandises françaises, comme la Jamaïque est déjà, et deviendra bien plus encore, l'entrepôt des marchandises anglaises, c'est ce qui m'a fait dire que les Anglais ne songeront jamais à abandonner cette colonie.

NOTE 4.

Intrigues de l'Angleterre et conduite d'un consul général anglais pour détruire le traité de 1825 entre la France et Haïti.

Les mauvaises dispositions, les intrigues de l'Angleterre à l'égar des Français à Saint-Domingue sont souvent venues au souvenir de l'empereur à Sainte-Hélène (général Montholon, tome 1er). Les Anglais en recueillirent paisiblement le fruit pendant les guerres de l'empire, mais lorsque la paix leur fit entrevoir la concurrence que nos marchandises allaient faire aux leurs, ils demandèrent à Pétion et ils obtinrent un privilége pour leur commerce.

Le traité avec la France mettait fin à ce privilége, et le renouvellement en devenait impossible par la nature du traité; le gouvernement anglais se décida alors à le faire tomber et à nous brouiller avec le gouvernement d'Haïti. Voici comment il s'y prit:

Sous le ministère de M. Canning, on envoya à cette république, en qualité de consul général britannique, M. Charles Mackensie, fort avant, à ce qu'il dit lui-même, dans la confiance de ce ministre. Sa mission apparente était d'étudier la situation de la nouvelle république et d'en faire des rapports qui devaient être soumis au Parlement, dans les débats relatifs à l'émancipation des noirs de l'Amérique anglaise.

La Chambre des Communes fit imprimer ces rapports; à leur apparition, ils furent l'objet d'une critique amère de la part des partisans de l'émancipation des noirs. On accusait M. Mackensie d'une partialité causée par l'intérêt personnel qu'il avait à retarder l'époque de l'émancipation des esclaves de l'Amérique anglaise.

Afin de se disculper, M. Mackensie crut devoir publier un ouvrage dans lequel il annonce que les renseignemens qu'il a recueillis, pendant sa mission, étaient le résultat des recherches obtenues dans ses excursions dans toutes les parties de la république d'Haïti (1).

Nous devons au besoin de sa défense les révélations qui, sans cette circonstance, seraient restées secrètes.

Cet agent consulaire, d'un haut grade, le plus élevé auprès du gouvernement d'Haïti, a parcouru tous les points de l'île, où il existait un commandant de quartier, un juge de paix ou un propriétaire de quelque importance. Sa suite, qui exigeait l'emploi de vingt chevaux, était augmentée à l'entrée des villes par les agens consulaires de sa nation et par les autorités civiles et militaires qui avaient ordre du gouvernement central d'accueillir M. Mackensie avec la plus grande distinction, et qui ne manquèrent pas d'aller à sa rencontre pour lui faire cortége.

C'est en 1826 que les explorations politiques de M. Mackensie

(1) Notes on Haïti by Charles Mackensie F. R. S. F. L. S. (membre de la Société royale et de la Société Leibnitzienne), late H. M's consul général in Haïti, 1831.

eurent lieu, six mois après la publication du traité de 1825, accueilli avec enthousiasme au Port-au-Prince, comme dans toutes les villes de la république, et à l'époque où le gouvernement d'Haïti prenait les moyens de le mettre à exécution. M. Mackensie n'approuve pas l'exécution du traité. « Non-seulement, dit-il, le peuple d'Haïti » ne peut pas payer l'indemnité, *mais il y aurait bassesse de* » *la part de son gouvernement de lui en imposer la charge ;* » l'ordonnance a été acceptée le 11 juillet 1825 ; d'après les » réjouissances décrites dans les journaux officiels, il paraît qu'une » dette aussi lourde et LES CONDITIONS LES PLUS HUMILIANTES *ont été* » *considérées par le gouvernement sous le point de vue le plus satis-* » *faisant ; le peuple cependant pense bien différemment* (vol. 2, p. 87).

C'est dans la classe moyenne de la société dont l'opinion exerce partout une grande influence, que M. Mackensie cherche à renouveler ou à faire entrer les préventions et la haine contre la France : « J'ai » peu à dire sur le président personnellement, mes rapports avec » lui ayant été purement officiels. On dit qu'il y a plus d'intimité » entre lui et le consul général français *par suite des prédilections* » *naturelles du président pour le pays de son père, qui était Fran-* » *çais* (tom. 1, p. 23). »

Voilà donc un gouvernement qui commettrait une bassesse en exécutant un traité fait avec la France, et le chef de ce gouvernement, signalé à la méfiance publique, à cause de son origine française, de cette nation dont M. Mackensie dit : « Je suis disposé » à croire les atrocités qu'on lui impute. La France a laissé à Saint- » Domingue, comme en Allemagne, en Espagne et en Portugal, d'ef- » frayants souvenirs (tom. 1, p. 160). » Cependant, comme il veut justifier ses liaisons avec le consul général français et les officiers de nos vaisseaux de guerre, M. Mackensie ajoute : « Mais aussitôt que » les Français se présentent, on jette un voile d'oubli sur le passé. »

En effet, à Haïti, comme partout où il y a des gens de cœur, on a dû s'étonner d'entendre parler ainsi d'une nation et rechercher la société de ses citoyens : « On trouvait extraordinaire, dit M. Mackensie, » que je fusse en *rapport d'intimité* avec le consul général français et » les officiers de l'escadre française. *En dépit de cette opinion*, j'ai » persisté dans ces relations qui me rappellent des souvenirs con- » solants pour cette partie de ma vie passée dans les travaux et dans » l'ennui (tom. 1, p. 33). »

Notre consul et nos officiers de marine ne s'attendaient guère, sans doute, qu'ils consolaient dans ses travaux un homme ayant mission de ruiner, sous le manteau de l'amitié et d'un caractère honorable, les intérêts français à Saint-Domingue.

C'est dans de pareils sentiments et un but aussi nettement expliqué, que M. Mackensie a rempli sa mission. En le suivant dans ses conversations avec les autorités et les citoyens marquants du pays, on en trouve facilement la preuve.

« Je ne pense pas que le peuple, s'il le voulait (ce qui n'est pas) » pût payer *une portion quelconque* de la contribution (tom. 1, » p. 215). » M. Mackensie ne veut pas même un autre arrangement : » Les conditions imposées (*d'après les exigences de la France*, J'EN » SUIS CERTAIN) ne peuvent être remplies, seraient-elles même gran- » dement diminuées, elles ajourneraient encore à une très longue » période les développemens du pays (tom. 1, p. 331)... L'immense » poids de l'indemnité est calculé de manière à troubler les esprits » de la population ; il est suspendu *comme l'épée du tyran par un* » *cheveu invisible et peut tomber d'un moment à l'autre*..... J'avoue » que je ne puis découvrir la politique d'exiger l'accomplissement » d'un arrangement conclu, *par imprudence*, avec un pauvre peuple » qui peut à peine se nourrir et rappeler ainsi *tous les anciens sou-* » *venirs de Leclerc et de Rochambeau* (tom. 2, page 20). »

On doit savoir que M. Mackensie, en craignant pour la France les souvenirs de la guerre, ne laisse passer aucune occasion d'en faire le sujet de ses conversations, ce qui serait trop long à rapporter ; nous finirons par l'aveu qu'il fait de ses intentions pour son pays et pour le nôtre : « Je suis persuadé qu'un gouvernement prudent pourrait, » au moins avec l'esprit régnant en 1826 et 1827, *faire tout du peuple* » *excepté*, à la vérité, un peuple industrieux par goût *et un peuple* » *ami des Français* (tom. 1, page 120)..... J'ai entendu toutes les » classes dire que l'Angleterre est sans contestation le pouvoir euro- » péen aimé par les Haïtiens. »

Que les ministres rapprochent l'ouvrage de M. Mackensie avec la correspondance du gouvernement d'Haïti depuis 1826, ils y trouveront la source de toutes les difficultés contre lesquelles ils ont eu à lutter et qui ont amené le traité de 1838, si fatal aux colons.

NOTE 5.

Observations sur le traité du 12 février 1838, adressées à M. le comte Molé, président du conseil des ministres, en forme de lettre, au nom de plus de 2000 anciens colons.

Paris, le 23 mai 1838.

Monsieur le Ministre,

Lorsque, dans la séance de la Chambre des Députés du 3 juin 1837, vous fîtes entendre ces paroles, au sujet du rapport d'une pétition

signée par plusieurs anciens colons de Saint-Domingue : « La diffi-
» culté pour moi est moins encore de savoir si la décision prise
» contenterait les colons, que de savoir si nous pouvons obtenir du
» gouvernement d'Haïti une volonté sincère d'en finir. C'est là, dans
» mon opinion, la difficulté contre laquelle nous avons à lutter, et
» celle avec laquelle je suis très décidé, pour ma part, à me mesurer
» à mon tour; » les anciens colons de Saint-Domingue accueillirent avec reconnaissance l'espérance de voir terminer une affaire que vous annonciez, dans la même séance, avoir été entièrement suspendue; de la voir terminer avec justice pour les anciens colons, avec bienveillance pour les nouveaux propriétaires de Saint-Domingue, avec dignité pour le gouvernement du roi.

Le consul du roi à Haïti se trouvait en France, vous lui avez donné l'ordre de partir pour sa résidence. Six mois après ce départ, des envoyés partent eux-mêmes pour Haïti, sans doute après que vous avez connu l'accueil qu'ils y recevraient, après que vous avez été fixé sur le résultat de leur mission.

Ces mesures sages, cette détermination d'un gouvernement fort, qui connaît sa valeur, donnaient donc aux anciens colons de Saint-Domingue des espérances fondées; un traité conclu avec Haïti, le 12 février, vient jeter la perturbation parmi eux et leur inspirer les craintes les plus vives.

De toutes les parties de la France, les intéressés adressent des pétitions aux Chambres; il en sera fait un rapport prochain; et tous attendent avec inquiétude et dans l'isolement les réponses du ministère et la détermination des Chambres : tous se demandent quels seraient les moyens d'exécution du traité du 12 février, abstraction faite de la réduction qu'il accorde à Haïti.

Avant de signaler l'impossibilité d'exécution, la déception qui en résulterait, je vais rappeler en peu de mots comment les anciens colons ont vu exécuter, à leur égard, l'attribution de l'indemnité qu'ils ont réclamée.

L'ordonnance royale du 17 avril 1825 a accordé une émancipation conditionnelle aux propriétaires actuels de Saint-Domingue; une des conditions était le paiement de 150 millions, comme indemnité, en faveur des anciens propriétaires; la loi du 30 avril 1826 a fixé les conditions et le mode de la répartition de ces 150 millions; l'ordonnance du 9 mai suivant en a complété les dispositions. Une autre ordonnance a nommé, avec une importance égale à la répartition de l'indemnité des émigrés, une commission composée de vingt-sept membres pris, en grande partie, dans la Chambre des Pairs et dans la Chambre des Députés, avec un pouvoir discrétionnaire sur la répartition de l'indemnité. Tout cela s'est fait par l'omnipotence du gouvernement, comme un propriétaire usant et abusant de sa chose.

Les anciens colons de Saint-Domingue avaient dû croire que le paiement de l'indemnité regardait la France seule, qu'elle était au moins responsable du non-paiement par le gouvernement d'Haïti. Cette opinion a été développée avec un grand pouvoir de raisonnement dans une consultation délibérée par les premiers avocats des barreaux de France, au nombre desquels on trouve M. le garde-des-sceaux Barthe, votre collègue actuel.

Haïti ne payant pas, le gouvernement a repoussé la garantie qu'on lui réclamait. Dans son anxiété pour supprimer les traces de cette garantie, l'administration a cru faire un acte de prudence en changeant furtivement la rédaction des titres de liquidation formulée, conformément à l'ordonnance du 9 mai 1826, dans des termes qui impliquaient la garantie du gouvernement.

Lorsque la commission de liquidation a commencé ses travaux, il paraissait naturel qu'elle s'occupât de toutes les réclamations pour juger de leur ensemble et faire l'attribution de la somme à répartir dans une proportion équitable.

C'est la règle de toute contribution, cela n'a pas été fait.

Les réclamants avaient jusqu'à deux ans, suivant le lieu de leur domicile, pour former leur demande, c'est-à-dire jusqu'au 30 avril 1828. La commission a commencé ses travaux dans les premiers jours de juillet 1826, et le 10 octobre suivant, trois mois après le commencement des travaux, dix-huit mois avant l'expiration du dernier délai pour les réclamations, la commission a fait payer les titulaires des premières liquidations effectuées, ainsi successivement de mois en mois, sans s'inquiéter comment on arriverait à la fin de la liquidation, ou si, pour y arriver, il ne faudrait pas le faire aux dépens des derniers liquidés.

Cette mesure n'était qu'imprévoyante, celle prise pour les frais de liquidation est injuste.

Il n'est pas douteux que ces frais ne dussent être une charge publique dans l'intention du ministère de 1826; en conséquence, ils étaient portés, ainsi que les frais de la liquidation des émigrés, sur les budgets de chaque année, sans aucune indication de spécialité ou d'avance à recouvrer. Jamais aucun ministre n'a fait la moindre insinuation à cet égard pendant les six exercices de 1826 à 1831. Tout à coup, dans la session de 1832, pendant les préoccupations occasionnées par le choléra et l'éloignement de beaucoup de membres des deux Chambres, un article glissé dans le budget a ordonné le remboursement des frais de liquidation des anciens colons de Saint-Domingue.

Ces frais se sont montés à 2,052,212 fr. 30 c., dont 860,959 fr. 60 c. pour les appointements des membres de la commission.

Cela n'a pas paru suffisant à l'administration; elle a fait retenir en outre *par analogie* et sans une disposition législative, la somme de 452,857 fr. 04 c., déficit d'Haïti, pour compléter le premier cinquième de l'indemnité.

Ainsi 2,505,069 fr. 34 c. ont été mis à la charge des anciens colons, et encore dans une proportion inégale; car le premier prélèvement est retombé presqu'entièrement sur les dernières liquidations, sur celles qui n'avaient pas été payées, sur celles dont le chiffre a encore été diminué par l'obligation où l'on s'est trouvé, à la fin de la liquidation, de ne pas dépasser la somme à répartir.

Mais cette somme de 2,505,069 fr. 34 c., en admettant que les frais de liquidation dussent être à la charge des anciens colons, contient des articles qui ne doivent pas y figurer.

D'abord, le déficit d'Haïti de 452,857 fr. 04 c., ensuite les 860,959 fr. 60 c. pour les appointements des membres de la commission: on ne doit pas douter que ces appointements n'ont été acceptés que parce que le gouvernement devait en faire les frais; des pairs de France, des membres de la Chambre des Députés, des maîtres des requêtes, des conseillers à la cour royale, n'auraient pas voulu d'une rémunération provenant des malheureux fugitifs de Saint-Domingue; cela est d'autant plus vrai, qu'aussitôt que la mesure du recouvrement a été ordonnée, le service des commissaires a été gratuit. En bonne justice, le gouvernement ne doit pas faire payer par les anciens colons les largesses qu'il a cru devoir faire; enfin, 227,839 fr. 17 c. pour les appointements des commis détachés du ministère de la marine: vous savez, Monsieur le Ministre, que les archives de la marine à Versailles *doivent délivrer sans frais les expéditions des actes qui leur sont demandés*. Le ministre de la marine n'aurait pas pu faire payer, à moins de forfaiture, les expéditions, nombreuses à la vérité et hors de la proportion ordinaire, des actes qui ont été demandés dans le cours de la liquidation; on a supposé alors que les employés de la marine, devenus nécessaires pour ce travail extraordinaire, étaient détachés, et, par ce moyen, on a fait *illégalement une perception de* 227,839 *fr.* 17 c. sur les anciens colons de Saint-Domingue.

Voilà 1,541,655 fr. 81 c. mis, contre tout droit, à la charge des anciens colons; quant aux 963,413 fr. 53 c. restants, l'importance en est trop forte: les frais d'une pareille liquidation ne devaient pas excéder 500,000 fr. C'est, au reste, une surprise peu digne de l'administration; car si elle eût prévenu les colons que les frais de liquidation étaient à leur compte, ils auraient veillé à ce que ces frais rentrassent dans les limites d'une économie commandée par leur pauvreté.

Ce qui a été fait pour procéder à cette liquidation ne serait qu'un prélude à un plus grand dommage, celui qui résulterait, Monsieur le Ministre, de l'exécution matérielle du traité du 12 février, et c'est ce que je crois pouvoir démontrer.

Saint-Domingue avait, en 1814, une indépendance de fait; mais les puissances alliées reconnurent par les traités de 1814 et 1815 la souveraineté de la France sur son ancienne colonie, et s'engagèrent à ne porter aucun obstacle direct ni indirect à l'exercice de cette souveraineté.

Le roi Charles X exerça pleinement cette souveraineté en 1825 : l'ordonnance du 17 avril, voulant pourvoir, suivant ses expressions, à ce que réclamaient l'intérêt du commerce français, les malheurs des anciens colons de Saint-Domingue, et l'état précaire des habitants actuels de cette île, ouvrit les ports de la partie française de Saint-Domingue au commerce de toutes les nations; réduisit de moitié, en faveur du commerce français, les droits de douane, et ordonna le versement de cent cinquante millions à la caisse des dépôts et consignations, en cinq termes égaux, d'année en année, le premier échéant le 31 décembre 1825, destinés à dédommager les anciens colons qui réclameraient une indemnité.

A ces conditions, l'ordonnance concéda aux habitants actuels de Saint-Domingue l'indépendance pleine et entière de leur gouvernement.

Pour la France, la loi du 30 avril 1826 rendit exécutoire cette ordonnance; pour Haïti, les conditions furent acceptées avec acclamations par toutes les autorités du pays; pour les anciens colons, cette acceptation résulte de leur demande en liquidation et de la remise de leur titre de propriété : rien ne manque au contrat. Toutes les dispositions appartiennent donc aux trois parties intéressées, le changement effectué par deux de ces parties n'est valable qu'après avoir désintéressé la troisième : le contraire serait l'exercice d'un pouvoir brutal.

C'est tout ce que je dirai sur la question de droit.

Haïti n'a payé qu'un premier terme. Ce retard appela la sollicitude du pouvoir royal qui lui avait concédé l'indépendance conditionnelle. Le président Boyer, le même qui avait reçu cette concession, le même qui a signé le traité du 12 février dernier, s'engagea en 1829, au nom de sa nation, à payer, de six mois en six mois, un intérêt de 3 p. % sur le capital restant dû à la France pour solde de l'indemnité.

La révolution de 1830 survint.

En 1831, les mêmes conditions à peu près furent arrêtées dans un traité qui fut signé par le roi; mais le président Boyer eut des scrupules sur la légitimité du roi des Français; le traité ne fut pas ratifié par lui!

C'est dans la même année 1831 que le traité avec les États-Unis a été signé également par le roi : la France devait payer, le traité a été ratifié par les Chambres.

Je ne rappelerai pas ce qui a été fait depuis 1831. Au mois de juillet 1837, vous avez annoncé que tout était suspendu; mais que vous arriveriez, à la session de 1838, avec un résultat ou avec des preuves irrécusables de ce que vous auriez fait pour l'obtenir.

Vous arrivez, Monsieur le Ministre, avec le traité du 12 février dernier; si, comme on doit le penser, ce traité ne concerne que la France et Haïti, les anciens colons n'ont qu'à attendre ce que le ministre proposera, afin de les contenter, suivant vos intentions du mois de juin 1837, et pour les indemniser suivant le droit qui résulte en leur faveur du contrat de 1825.

Si ce traité doit recevoir son exécution à l'égard des anciens colons, vous devez apprendre, et l'on ne peut trop vous répéter, *que ce serait une déception indigne du gouvernement du roi.*

Cent vingt millions et neuf ans d'intérêts à 3 p. % promis, offerts en 1829 par le président Boyer, font 187,775,000 fr. Le traité réduit cette somme à 60 millions, valeur nominale.

La valeur réelle est facile à apprécier.

D'abord, les paiemens doivent se faire en trente ans; l'usage et l'équité veulent, en pareille circonstance, que les termes de paiement soient égaux en sommes d'année en année, ils ne le sont pas; ils sont plus faibles dans les premières années, et plus forts dans les dernières. Ce n'est pas là une compensation comme pourraient le penser les personnes peu habituées aux calculs : en tenant compte des intérêts réciproques à raison de 4 p. % par an sur les différents termes de paiement jusqu'à la dernière année, il résulte que *ce morcellement inégal* de 60 millions donne au gouvernement d'Haïti un bénéfice de 6,574,000 fr., et par conséquent une perte d'autant pour les colons.

Si cette somme était placée à 4 p. % par an, avec des combinaisons moins favorables encore que celles des caisses d'épargne, elle produirait, au bout de trente ans, 21,600,000 fr.

En second lieu, 60 millions payables sans intérêts dans trente ans ne sont pas 60 millions : personne ne peut le savoir mieux que vous, Monsieur le Ministre. Dans les débats concernant le traité avec les États-Unis, le ministère a insisté pour payer les intérêts, et ils l'ont été à un taux plus élevé que celui que le gouvernement paie pour sa dette flottante.

Cette somme de 60 millions, payée comme le traité le porte, ne vaut réellement que 29,000,000 fr. Aucune maison de banque n'en offrirait davantage, bien entendu encore que les paiements convenus reposeraient sur une autre garantie que la foi d'Haïti ; autrement on n'obtiendrait rien.

Voilà pour la valeur réelle des paiements d'Haïti, au moyen desquels le traité lui donne quittance de 187,775,000 fr. !

C'est bien autre chose à l'égard des paiements morcelés.

Les paiemens sont de 1,500,000 fr. pour les cinq premières années, ils augmentent faiblement jusqu'à vingt ans, et sont plus forts dans les dix dernières années.

Les états d'attribution de l'indemnité portent vingt-huit mille ayant-droit à peu près ; s'il y a quelques doubles emplois, ils sont remplacés bien au-delà par le nombre des créanciers. Je porte le nombre des ayant-droit venant à partage ou à prélèvement à trente mille ; le montant des liquidations étant de 149 millions à peu près, c'est un terme moyen de 5,000 fr. Les titulaires auront à recevoir 50 fr. par an pour les cinq premières années, 53 fr. 33 c. par an pour les cinq années suivantes, augmentant ainsi jusqu'au maximum de 100 fr. pour chacune des cinq dernières années.

Mais 5,000 fr. ne sont pas le terme moyen. En ouvrant le recueil imprimé des liquidations on peut s'assurer qu'il y a plus de dix mille titulaires de 2,000, 1,000 et 500 fr. d'indemnité, et plus de deux mille au-dessous de 500 fr., donnant, par conséquent, *un paiement annuel de vingt, dix, cinq francs et au-dessous.*

Les frais indispensables sont au moins d'une procuration et de deux ports de lettres ; ces frais seuls suffiront pour arrêter un grand nombre d'ayant-droit dans leur demande.

Ce n'est pas tout : si le titulaire qui vivait il y dix ans est mort, il y aura une subdivision et les frais augmenteront en raison inverse de la quotité de chaque héritier. Dix ans écoulés depuis l'attribution de l'indemnité, trente ans à attendre encore les paiemens, voilà quarante ans qui amènent deux successions et avec elles des frais également indispensables.

Vous le voyez, Monsieur le Ministre, le morcellement des paiements de l'indemnité rend ces paiements impossibles. Le résultat certain de cet état de choses sera l'abandon de la plus grande partie de l'indemnité, de la moitié au moins; *ce sera un dommage qui tombera sur les indemnités moyennes et petites, sur la classe nécessiteuse*; et ce sera un lucre pour les caisses publiques, puisque l'argent restera à la caisse des consignations.

Le gouvernement du roi ne peut pas vouloir que cela soit ainsi.

On ne peut pas dire non plus aux anciens colons de reprendre leurs propriétés, telles qu'elles sont, en se soumettant aux lois des conquérans. Le traité est conclu avec un gouvernement qui a interdit aux blancs, c'est-à-dire aux anciens colons, le droit d'être propriétaires à Haïti.

Cette défense existait bien en 1825, aussi l'ordonnance royale avait concédé une indépendance conditionnelle. Cette condition n'existe plus; le traité qui précède le traité financier reconnaît la république d'Haïti comme état libre, souverain et indépendant.

C'est sans doute *une mesure de bonne politique, de dignité même pour la France puissante, envers une population faible; mais la mesure ne peut être prise aux dépens des anciens colons.*

Je demande, Monsieur le Ministre, tant en mon nom qu'en celui des ayant-droit à l'indemnité de Saint-Domingue, dont je suis mandataire, que vous veuillez bien présenter aux Chambres un projet de loi fixant définitivement, en un seul terme, le paiement de l'indemnité des anciens colons de Saint-Domingue.

Je suis, etc.

Signé **B. VENDRYES.**

Deux pétitions, dans le sens de cette lettre, ont été présentées par M. Vendryes, l'une à la Chambre des Pairs, l'autre à la Chambre des Députés.

Autre pétition à la Chambre des Pairs sur le projet de loi du 5 *janvier* 1839, *concernant le traité du* 12 *février* 1838, *au nom de plus de* 2000 *colons.*

Paris, le 14 janvier 1839.

Messieurs les Pairs,

Les anciens colons de Saint-Domingue s'adressent de nouveau à votre justice.

Un projet de loi concernant la répartition de l'indemnité établie par le traité du 12 février 1838, vient de vous être présenté. Le gouvernement, reconnaissant l'*impossibilité* d'effectuer, à l'égard de la plus grande partie des colons, les paiemens morcelés à faire suivant le traité, adopte un système qu'il annonce être le plus *simple* et le plus *fructueux* de tous ceux qu'il a examinés : c'est la création d'un papier-monnaie haïtien négociable en France, et dont la valeur nominale descendra pour 14,000 individus, de 25 centimes à 15 fr. 12 c., plus bas encore pour ceux de ces indemnitaires qui seront représentés par leurs créanciers ou leurs cessionnaires.

Il n'échappera pas à vos hautes méditations, Messieurs les Pairs, que cette création, *considérée sous un point de vue d'intérêt et de morale publique*, donne aux classes les plus pauvres, aux bourses de vingt-cinq centimes, *des idées et des moyens d'agiotage*, alors même que tous les efforts du gouvernement devraient tendre à arrêter les progrès de cette maladie de notre époque.

C'est un sujet que les colons de Saint-Domingue n'ont pas la prétention de traiter en s'adressant au corps de l'état, dont les membres sont constamment occupés des principes conservateurs de la société.

Mais ils vous demandent la permission d'examiner le projet de loi sous le point de vue de leur intérêt personnel.

Les colons de Saint-Domingue ont pu souvent exprimer leurs plaintes avec vivacité : c'est la triste consolation du malheureux ; cependant un sentiment de justice et de vérité doit surgir. Ils reconnaissent que les circonstances étaient difficiles, et que le gouvernement n'a pas pu faire ce qu'il aurait voulu faire.

Ils reconnaissent également qu'une haute protection leur est acquise, que plusieurs des ministres ont témoigné les meilleures dispositions, et qu'ils ont dans les Chambres de nombreux et d'éloquents défenseurs.

Néanmoins tout leur manque ; la terre semble fuir sous leurs pas, et d'illusions en illusions il ne va rester aux colons qu'un mauvais morceau de papier, triste et petite parodie de nos assignats et de nos mandats.

Messieurs les Pairs, les colons attendent de vous une réparation, une initiative d'un acte de justice nationale.

Quelles raisons pour la refuser ?

Les colons vous l'ont dit dans leurs pétitions précédentes, et vous avez entendu M. le ministre des finances le confirmer dans les motifs du projet de loi ; savoir, que le morcellement des paiements à faire par Haïti *rendait impossible l'exécution du traité à l'égard du plus grand nombre des indemnitaires*.

M. le ministre s'est exprimé ainsi : « Nous vous avons fait pres- » sentir les difficultés, et nous pourrions dire l'impossibilité pour un » grand nombre de colons, de recueillir utilement les faibles débris » de leurs patrimoines qui ont péri à Saint-Domingue, si des dispo-

» sitions législatives, sagement combinées, ne venaient les mettre
» en mesure de percevoir facilement leur part dans l'indemnité due
» par le gouvernement d'Haïti, ou d'en disposer. »

Le projet de loi est ingénieux, c'est une opération financière, mais est-elle une *disposition législative sagement combinée?*

L'exécution ne pouvant pas se faire sur des valeurs réelles, le projet de loi crée une valeur fictive. Il appelle le concours des législateurs français à la création de valeurs étrangères!

Messieurs les Pairs, vous apprécierez d'abord le point moral, ce jeu de petite bourse qui sera, suivant l'exposé des motifs, le résultat de la loi proposée. L'exposé annonce que « le cours qui s'établira
» naturellement de ces certificats de liquidation, en fixant leur
» valeur, éclairera les porteurs sur l'intérêt qu'il auront à les *con-*
» *server* ou à les *vendre*. »

Mais si les colons de Saint-Domingue se trompaient, s'il n'y avait dans le projet rien qui fût contraire à la sincérité des lois, rien de fictif, s'il n'y avait pas une excitation des classes pauvres à l'agiotage, ils ne se tromperont pas dans leur intérêt sur le sort de ces valeurs au porteur, le précédent existe.

Haïti paiera ou ne paiera pas.

Si elle ne paie pas, la loi ne donne rien aux colons.

Si elle paie, si elle a le vouloir et le pouvoir de payer, eh bien! Haïti fera acheter les certificats à 10 ou 15 p. %, et avec six ou neuf millions, dont partie reviendra seulement aux indemnitaires, Haïti sera libérée d'une dette qui, avant le traité du 12 février 1838, montait à 877,075,000 fr.; *c'est ainsi qu'elle rembourse tous les jours par des opérations de bourse l'argent français qu'on lui a prêté pour le premier cinquième payé aux colons français.*

Tels seraient les effets de la loi proposée, elle tourne à côté de la difficulté et se place dans une fausse position.

Mais comment en finir?

C'est plutôt de ne rien faire, de laisser mourir en paix les colons, sans troubler leurs derniers moments par les soins d'une nouvelle liquidation payée avec un papier sans valeur.

Où c'est de faire un acte de justice et de haute politique, de payer pour Haïti en un seul terme les sommes dont elle est redevable d'après le traité du 12 février.

C'est, Messieurs les Pairs, ce que les colons de Saint-Domingue espèrent obtenir de vous au moyen d'un amendement au projet de loi qui vous est soumis.

Dans l'état précaire où se trouvent les colons, sans influence et sans amis politiques, l'acte qu'ils réclament est un acte de générosité publique, ils le considèrent sous ce rapport; mais est-ce à dire aussi qu'il ne serait pas un acte de justice?

L'indépendance de Saint-Domingue accordée par l'ordonnance du 17 avril 1825, et l'abandon des biens des anciens habitants aux nouveaux habitants étaient conditionnels; savoir, le paiement de 150,000,000 par ces derniers aux premiers.

Le gouvernement français a soutenu qu'il n'avait pas garanti l'exactitude des paiements, mais la question n'est plus la même.

Cette ordonnance d'émancipation conditionnelle acceptée par toutes les autorités d'Haïti; cette indemnité, l'une des conditions de l'émancipation, acceptée par les anciens propriétaires de Saint-Domingue, par leur demande en liquidation sans laquelle ils n'auraient pas été liquidés et auraient été mis en déchéance; ces actes, ces adhésions, ont formé un contrat entre la France, Haïti et les anciens colons, un contrat qu'il n'est pas au pouvoir des deux parties de détruire sans désintéresser la troisième partie, sans la contenter, comme l'a dit M. le président du conseil Molé, dans la séance du 3 juin 1837. Jusque-là tout ce qui constitue le contrat appartient à la troisième partie comme aux deux autres, on n'y peut rien changer sans le concours des trois parties. Les ministres le pensaient ainsi, *les orateurs des deux Chambres les plus opposés à la garantie de l'indemnité de 1825, ont formellement déclaré que s'il y avait novation il y aurait garantie de la part du gouvernement français envers les colons.*

Eh bien! qu'a fait le traité du 12 février 1838 auquel ont pris part seulement deux parties? Il a sacrifié les intérêts de la troisième partie, les colons de Saint-Domingue. N'y a-t-il pas là obligation d'une indemnité en leur faveur, *non pas d'une indemnité illusoire, mais d'une indemnité positive, réalisable comme la France peut seule la promettre et la payer?*

Tels sont les principes élémentaires de notre droit public. Si l'on recourt au droit des gens suivi en Europe depuis plusieurs siècles, l'on trouve que les cessions de territoire ont toujours été faites à la charge de laisser aux propriétaires la jouissance paisible de leurs biens ou le droit de les vendre. Pour choisir des exemples analogues, c'est ce qui est arrivé à l'égard des propriétaires au Canada. Les habitants de ce pays qui n'y avaient pas de propriétés et qui sont revenus en France après le traité de 1763, ont obtenu dans les colonies françaises, notamment à Saint-Domingue, des concessions de terre et des avances d'argent pour s'établir.

Lorsque l'Angleterre reconnut l'indépendance des États-Unis, elle stipula une indemnité pour les sujets qui lui étaient restés fidèles.

Cette indemnité, insuffisante, le Parlement anglais en a augmenté l'importance par différens bills :

Voilà des actes de justice; et comment la France, la France actuelle, pourrait-elle ne pas suivre un pareil exemple?

Ce caractère de justice de l'acte que les colons vous demandent ne serait pas le seul, cet acte aurait aussi le caractère d'une haute politique, digne de notre pays.

Il ne convient pas à la France, qui a exercé dans le traité du 12 février son omnipotence envers les colons, qui leur a dit : « Vous deviez recevoir 120 millions, je veux qu'il soit réduit à 60; Haïti devait nous avoir payé depuis huit ans, je lui accorde trente ans de plus»; il ne convient pas à la France de faire retomber le poids des sacrifices sur les colons seuls.

Convient-il aussi à la France d'avoir une administration aux ordres d'Haïti pour enregistrer les vingt-cinq centimes qu'elle voudra bien payer aux colons de Saint-Domingue?

Non, Messieurs les Pairs, on ne peut pas vouloir un pareil état de choses quand on a l'honneur d'être le premier corps d'un grand État!

Faut-il dire que l'acte que nous vous demandons est une garantie de l'exécution du traité du 12 février? M. Emmanuel de Las-Cases, un des plénipotentiaires signataires de ce traité, a dit, je le tiens de lui-même : « Il est certain que Haïti paiera, si le gouvernement se » met aux lieu et place des anciens colons. J'appuierai moi-même » à la tribune leur droit à cette mesure. » *Ce n'est donc qu'une avance à faire commander par l'honneur, la foi publique, la justice et l'humanité.*

Je demande, Messieurs les Pairs, avec une respectueuse confiance, au nom des anciens colons de Saint-Domingue, que je représente, qu'il vous plaise introduire dans le projet de loi qui vous est soumis, un amendement ayant pour objet de faire payer par la France, en un seul terme, les 60 millions portés dans le traité du 12 février 1838.

Je suis, etc.

Signé B. VENDRYES.

www.ingramcontent.com/pod-product-compliance
Ingram Content Group UK Ltd.
Pitfield, Milton Keynes, MK11 3LW, UK
UKHW031943260826
14628UKWH00004B/1819

9 782019 662028